Research on the Impact of
Chinese Decentralization Governance
Mode on the Implementation
Effect of Industrial Policy

中国式分权治理模式对产业政策实施效果的影响研究

席建成 ◎著

内容简介

本书从发展中国家"实施产业政策具有现实合理性"的前提出发,研究了中国式分权制度对产业政策实施效果的影响。全书共分8章,具体内容包括:导论、文献综述、中国式分权治理模式对产业政策实施效果影响的理论分析框架、中国式分权治理模式的特征及其对产业政策影响的典型事实、中央政府考核内容的变化对产业政策实施效果的影响、财政分权程度对产业政策实施效果的影响、双重转型背景下中国式分权治理模式对产业政策实施效果影响的差异、结论与展望。

本书可作为从事经济、管理类等领域的研究者的参考用书,也可供高等院校相关专业教师和研究生以及政府相关部门人员阅读与参考。

图书在版编目(CIP)数据

中国式分权治理模式对产业政策实施效果的影响研究/席建成著. —北京:北京大学出版社,2021.12

ISBN 978-7-301-32833-0

Ⅰ.①中… Ⅱ.①席… Ⅲ.①地方财政—影响—产业发展—研究—中国 Ⅳ.①F269.2

中国版本图书馆 CIP 数据核字(2022)第 011822 号

书　　　名	中国式分权治理模式对产业政策实施效果的影响研究 ZHONGGUOSHI FENQUAN ZHILI MOSHI DUI CHANYE ZHENGCE SHISHI XIAOGUO DE YINGXIANG YANJIU
著作责任者	席建成　著
责任编辑	王显超　李娉婷
标准书号	ISBN 978-7-301-32833-0
出版发行	北京大学出版社
地　　　址	北京市海淀区成府路 205 号　100871
网　　　址	http://www.pup.cn　新浪微博:@北京大学出版社
电子信箱	pup_6@163.com
电　　　话	邮购部 010-62752015　发行部 010-62750672　编辑部 010-62750667
印　刷　者	北京宏伟双华印刷有限公司
经　销　者	新华书店
	730 毫米×1020 毫米　16 开本　13 印张　168 千字 2021 年 12 月第 1 版　2021 年 12 月第 1 次印刷
定　　　价	69.00 元

未经许可,不得以任何方式复制或抄袭本书之部分或全部内容。
版权所有,侵权必究
举报电话: 010-62752024　电子信箱: fd@pup.pku.edu.cn
图书如有印装质量问题,请与出版部联系,电话: 010-62756370

前言

  2016年秋,两位当代中国著名经济学家林毅夫教授和张维迎教授展开了一场有关产业政策的大辩论。林毅夫教授主张在充分尊重有效市场的前提下,发展中国家的有为政府能够通过产业政策促进结构调整,实现对发达国家的经济赶超。张维迎教授则表达了不同的意见,坚持认为产业政策是"穿着马甲的计划经济"。在张维迎教授看来,由于人类的"无知"和"无耻",产业政策只会导致政府的寻租和官员的腐败,因其成本远远大于通过产业政策获得的收益,政府实施产业政策不过是一种"致命的自负"。

  事实上,因学术传统的差异,两位知名学者基于不同研究视角和分析框架的结论均有其合理性,甚至可以说他们之间存在着一定程度的共识。也就是说,两位知名学者间的激烈争论表明,任何一种政策都不是完美无缺的。这场学术争论的重要意义在于提醒我们:尽管产业政策在中国经济崛起过程中曾扮演了重要角色,但其负面效应也显而易见。在改革开放四十年后,有必要从制度层面探讨分析政策与制度之间的关系,增加政策制定、实施的规范化和科学化程度,而不能仅仅以灵活性、相机性为由,没有约束地扩大政府的"有形之手"。

  本书从发展中国家"实施产业政策具有现实合理性"的前提出发,研究了中国式分权制度对产业政策实施效果的影响。与日本、韩国等经济体不同,中国的地方政府在产业政策实施过程中扮演了十分重要的角色。当中央政府的目标具有"追求经济增长"和"促进产业升级"的双重任务特征时,产业政策的实施效果不仅取决于地方政府在"促进产业升级"方面的努力投入,还与其"追求经济增长"的激励有关,而地方政府在不同任务上的努力配置则进一步取决于中央政府的考核目标和中央政府与地方政府之间的财政分权程度。

首先,以"中央与地方""地方与企业"两组重要关系为背景,在 Holmstrom and Milgrom 的多任务委托-代理模型基础上,本书发展了一个中国式分权治理模式影响产业政策实施的理论分析框架,提供了一个理解转型期中国产业政策实施效果的新视角。

其次,揭示了中国式分权治理模式影响产业政策实施效果的两条传导渠道,并在经验层面上进行了验证。一是中央政府强化对产业升级的考核,不仅有利于地方政府增加落实产业政策的努力投入,而且能够抑制地方政府追求短期经济增长的冲动,从而有助于优化产业政策的实施效果。二是中央政府与地方政府之间财政分权程度的提高,强化了地方政府追求短期经济增长的内在激励,不利于产业结构的转型升级。

最后,通过结合中国经济"发展转型"和"体制转型"的现实背景,考察了在不同的经济发展水平和市场化进程下,中国式分权治理模式对产业政策实施效果影响的差异。研究发现,中国式分权治理模式对产业政策实施效果的影响与经济体的经济发展水平密切相关,并在一定程度上内生于经济体的市场化进程。

本书是在我博士论文的基础上进一步完善充实而成,本书的部分章节曾发表于《中国工业经济》《财经研究》《华东经济管理》等权威核心期刊上。感谢我的博士导师西安交通大学经济与金融学院院长孙早教授,本书从选题到布局谋篇直至终稿确定的每个阶段,都是在孙老师的指导和参与下完成的,没有孙老师孜孜教诲,我不可能完成此项研究,也就不会完成本书的写作。回首本书的研究和写作过程,那时常常会接到老师的电话和发来的邮件：有对论文进路的指导，有对研究现状的分析，有老师推荐的前沿论文和书籍，还有老师看似不经意间的口传心授。老师认识问题的深刻、言语中的风趣和讲课的深入浅出、行文上的简练和文字上的考究，都是我作为一名教师的永恒追求。感谢我的硕士导师西北大学经济管理学院茹少峰教授，感谢西安理工大学经济与管理学院院长胡海青教授，西安交通大学经济与金融学院杨秀云教授、邓晓兰教授、王增涛教授对本书初稿提出的宝贵意见。

感谢西北工业大学公共政策与管理学院刘晨光院长、张清江书记、李正锋副院长等各位领导和老师们对我研究工作的指导和帮助。感谢西北工业大学教务处专著项目经费、西北工业大学新进教师科研启动项目的资助以及北京大学出版社为本书出版提供的宝贵机会，感谢王显超编辑认真细致的工作。

最后，感谢我的家人对我生活无微不至的关照，特别感谢我的妻子彭瑶博士和女儿席婼聪，家庭的温馨和欢乐是我的甜蜜港湾，激励我一次次扬帆起航。

席建成
2021 年 4 月 7 日

目 录

第 1 章 导论 ………………………………………………………… 1
  1.1 背景与问题 ……………………………………………………… 1
  1.2 概念界定 ………………………………………………………… 5
    1.2.1 产业政策概念的界定 …………………………………… 5
    1.2.2 中国式分权治理模式的含义 …………………………… 8
    1.2.3 产业政策实施效果的含义 ……………………………… 9
  1.3 思路和方法 ……………………………………………………… 11
  1.4 框架和内容 ……………………………………………………… 13

第 2 章 文献综述 …………………………………………………… 17
  2.1 引言 ……………………………………………………………… 17
  2.2 产业政策理论的演进及经验研究 ……………………………… 18
    2.2.1 产业政策理论的演进 …………………………………… 18
    2.2.2 有关产业政策的经验研究 ……………………………… 23
  2.3 中国式分权治理模式的理论演进及经验研究 ………………… 27
    2.3.1 中国式分权治理模式的理论演进 ……………………… 28
    2.3.2 有关中国式分权治理模式的经验研究 ………………… 33
  2.4 中国式分权治理模式对产业政策实施效果影响的初步研究 … 36
  2.5 小结 ……………………………………………………………… 37

第3章 中国式分权治理模式对产业政策实施效果影响的理论分析框架 ……… 38

3.1 理论模型 ……… 39
3.1.1 模型环境设定 ……… 39
3.1.2 地方政府的行为选择 ……… 43
3.1.3 考核内容的变化对产业政策实施效果的影响 ……… 46
3.1.4 财政分权对产业政策实施效果的影响 ……… 47

3.2 引入双重转型背景的进一步讨论 ……… 50
3.2.1 双重转型的背景：发展转型与体制转型 ……… 50
3.2.2 经济发展水平的影响 ……… 51
3.2.3 市场化进程的影响 ……… 53

3.3 本章小结 ……… 55

第4章 中国式分权治理模式的特征及其对产业政策影响的典型事实 ……… 57

4.1 中国式分权治理模式的特征 ……… 57
4.1.1 政治集权下的考核内容变化 ……… 58
4.1.2 财政分权的时空差异 ……… 62

4.2 中国产业政策的制定和实施 ……… 67
4.2.1 产业政策制定和实施的组织架构 ……… 68
4.2.2 产业政策的普惠性 ……… 70
4.2.3 产业政策实施强度的地区差异 ……… 75

4.3 中国式分权治理模式影响产业政策的典型事实 ……… 77
4.3.1 中国式分权治理模式对产业政策普惠性的影响 ……… 77
4.3.2 中国式分权治理模式对产业政策实施强度的影响 ……… 78
4.3.3 中国式分权治理模式对产业政策实施效果的影响 ……… 80

4.4 本章小结 ……… 87

第5章 中央政府考核内容的变化对产业政策实施效果的影响 ……… 89
5.1 研究设计 …………………………………………………… 90
5.1.1 模型设定与估计方法 …………………………………… 90
5.1.2 数据来源与变量度量 …………………………………… 93
5.1.3 描述性统计 ……………………………………………… 98
5.2 计量检验结果及分析 ………………………………………… 102
5.2.1 初步估计结果 …………………………………………… 102
5.2.2 稳健性检验结果 ………………………………………… 108
5.3 本章小结 ……………………………………………………… 112

第6章 财政分权程度对产业政策实施效果的影响 …………………… 114
6.1 研究设计 ……………………………………………………… 115
6.1.1 模型设定 ………………………………………………… 116
6.1.2 估计方法讨论 …………………………………………… 117
6.1.3 数据来源与变量度量 …………………………………… 120
6.2 计量检验结果及分析 ………………………………………… 122
6.2.1 初步估计结果 …………………………………………… 122
6.2.2 内生性检验结果 ………………………………………… 126
6.2.3 稳健性检验结果 ………………………………………… 128
6.2.4 中央政府考核内容发生变化情形下的估计结果 ……… 132
6.3 本章小结 ……………………………………………………… 143

第7章 双重转型背景下中国式分权治理模式对产业政策实施效果影响的差异 …………………………………………………… 145
7.1 研究设计 ……………………………………………………… 146
7.1.1 模型设定与变量说明 …………………………………… 146
7.1.2 估计方法讨论 …………………………………………… 148
7.1.3 内生性处理及稳健性检验 ……………………………… 149
7.2 计量检验结果及分析 ………………………………………… 150

  7.2.1 初步估计结果 …………………………………………… 150

  7.2.2 SYS-GMM 估计结果 …………………………………… 159

  7.2.3 稳健性检验结果 ………………………………………… 167

 7.3 本章小结 ………………………………………………………… 171

第 8 章 结论与展望 ……………………………………………………… 173

 8.1 主要结论 ………………………………………………………… 173

 8.2 政策建议 ………………………………………………………… 178

 8.3 本书可能的边际贡献 …………………………………………… 182

 8.4 不足之处及研究展望 …………………………………………… 184

参考文献 …………………………………………………………………… 186

第 1 章

导　　论

1.1　背景与问题

在财富分配日益不均衡的世界里，全球经济体逐渐分化为两个俱乐部——已经完成工业化的发达国家俱乐部和仍在增长的迷雾中求索的发展中国家俱乐部。一些发展中国家试图按照发达国家制定的政策处方，实现向另一个俱乐部的跨越，但鲜有成功的案例，反而陷入"中等收入陷阱"的泥潭，徘徊不前。甚者如阿根廷，从20世纪初的中等收入水平国家滑落到世纪末的中低收入水平国家行列，成为"贫富逆转"的罕见案例。然而，新近几个国家，如日本、韩国等，尽管没有采纳"华盛顿共识"所倡导的政策，却通过进口替代、出口导向、关税保护等产业政策实现了国家的工业化，被称为"东亚奇迹"。改革开放以来，在促进工业化的道路上，中国以年均9.7%的经济增长速度，成为世界经济增长的引擎。惊叹于市场化改革红利之余，人们同样承认，政府在其中发挥了不可替代的作用。

事实上，不仅在东亚国家和地区，甚至在大多数工业化国家的经济发展过程中，产业政策都曾得到广泛运用，但对其效果的评价却从未达成共识。支持者认为，产业政策在东亚经济体的成功崛起中扮演了重要角色。在韩国，行政当局通过信贷配给和政府补贴使新产业部门"价格做错"，进而使出口部门能够承受高成本的开销并生存下去；而在另一些东亚国家，政府通过引导企业进入新的产业，以利用规模经济、技术外溢、学习效应并克服与下游生产者之间的协调障碍。反对者对此并不认同，Krueger and Tancer（1982）的经验研究表明，在东亚国家成功崛起的过程中，相关企业的全要素生产率增长与产业政策的关系并不显著。基于 Young（1992，1995）及 Kim and Lau（1994）的研究结果，克鲁格曼指出："东亚奇迹主要来自汗水而不是来自灵感，来自更努力而不是更聪明的劳动。"

与传统的研究思路不同，Rodrik（2008）以"产业政策应该怎么做"为出发点，分析了产业政策的作用机理及其有效实施所依赖的具体条件，从而回避了产业政策是否有效的理论争议。在 Hausmann and Rodrik（2003）看来，如果把产业政策视为政府和企业共同发现潜在的成本和机会并参与战略合作的过程，那么许多反对产业政策的传统观点将失去理论支撑。现有与"产业政策作用机理"有关的研究大致沿着三条路径展开。第一类研究从微观企业层面探讨产业政策对企业技术进步和配置效率改善的作用。Acemoglu et al 的研究发现，促进创新的政府补贴有助于企业全要素生产率的提高，而维持企业运营的政府补贴不仅无助于企业效率的提升，而且可能加剧生产要素的资源错配。王文等（2014）的研究发现，当产业政策促进了行业竞争或者产业政策的普惠性越高时，则越有利于降低行业内企业之间的资源错配程度。第二类研究从中观层面揭示了产业特征、资源禀赋等决定的比较优势对产业政策制定和实施的重要性。在林毅夫（2011）看来，遵从资源禀赋决定的比较优势，是有为政府发挥作用的前提条件。第三类研究从宏观层面出发，强调了特定经济体的制度和政治经济结构对产业政策实施效果的影响。近年来越来越多的研究强调，特定经济体的行政管理制度与经济发展水平亦是决定产业政策实施效果的关键因素。也就是说，不同国家（地区）的制度结构对产业政策实施主体的激励与约束不同,导致地方政府落实产业政策的努力投入存在差别,从而造成不同的政策效果。正如江小涓(1993)所指出的,产业政策问题在本质上,既是一个经济问题,又是一个政治问题。一项设计良好的产业政策,如何保证被正确地落实也许更为关键。罗宾逊(2016)甚至认为,"产业政策实施中的政治经济学"是未来有关产业政策研究的重点。

循着罗宾逊的基本思路,本书从地方政府落实产业政策所面临的激励与约束出发,研究了中国式分权治理模式对产业政策实施效果的影响。与日本、韩国等经济体不同,中国的地方政府在产业政策实施过程中扮演了十分重要的角色。当中央政府的目标具有"追求经济增长"和"促进产业升级"的双重任务特征时,产业政策的实施效果不仅取决于地方政府在"促进产业升级"方面的努力投入,还与其"追求经济增长"的激励有关,而地方政府在不同任务上的努力配置则进一步取决于中央政府的考核目标和中央政府与地方政府之间的财政分权程度。首先,在 Holmstrom and Milgrom(1991)的多任务委托-代理模型基础上,发展了一个理解转型期中国式分权治理模式影响产业政策实施效果的理论分析框架;其次,以 1998—2007 年中国工业规模以上的企业数据为样本,从经验层面系统考察了中央政府考核目标的变化、中央政府与地方政府之间的财政分权程度对产业政策实施效果的影响;最后,结合中国经济"发展转型"和"体制转型"的现实背景,进一步讨论了在不同的经济发展阶段和市场化水平下,中国式分权治理模式对产业政策实施效果影响的差异。

本书的理论意义主要体如下。第一,从发展中国家"实施产业政策具有现实合理性"的前提出发,以"中央与地方"和"地方与企业"两组重要关系为背景,发展了一个中国式分权治理模式影响产业政策实施效果的理论分析框架,从"产业政策实施中的政治经济学"视角出发,揭示了新时期影响中国产业政策实施效果的深层次原因;第二，揭示了中国式分权治理模式影响产业政策实施效果的两条传导渠道，并在经验层面上进行了验证。一是中央政府强化对产业升级的考核，不仅有利于地方政府增加落实产业政策的努力投入，而且能够抑制地方政府追求短期经济增长的冲动，从而有助于优化产业政策的实施效果。二是中央政府与地方政府之间财政分权程度的提高，强化了地方政府追求短期经济增长的内在激励，不利于产业结构的转型升级。在这个意义上，本书关于中国式分权治理模式的研究有助于增进人们对于中国式产业政策实施效果的理解。第三，通过引入"双重转型"的现实背景，进一步考察了在不同的经济发展水平和市场化进程下，中国式分权治理模式对产业政策实施效果影响的差异。研究发现，经济发展水平（以人均 GDP 衡量）对产业政策实施效果有显著影响。经济发展水平越高，分权程度和考核内容变化对产业政策实施效果的影响越小；经济发展水平越低，分权程度和考核内容变化对产业政策实施效果的影响越大。市场化水平的提高，则能够弱化地方政府追求短期经济增长的内在激励，降低财政分权对产业政策实施效果的负面影响，同时又不影响考核内容的变化对产业政策实施效果的正向作用。这意味着，一方面应根据地区的经济发展水平，实施差异化的产业政策；另一方面，应坚定地推进市场化改革，降低地方政府追求经济收益的内在激励。在这个意义上，本书的研究为产业政策的制定和实施提供了理论参考。

从现实意义来看，自 2008 年爆发金融危机以来，世界经济一直处于艰难的复苏过程之中。当美国、德国、日本等发达国家纷纷重启"有形之手"，试图重整制造业的时候，全球化又遭遇重大挫折，前景扑朔迷离，政府与市场之间的关系似乎又面临着非此即彼的选择。在国内，有关产业政策的争论已成为公共话题，吸引了众多专家学者的热烈讨论和决策者的高度关注。在复杂的国际国内经济形势下，迫切需要对产业政策问题进行深入研究,从制度层面探讨、分析政策与制度之间的关系,特别是厘清特定的制度背景下,产业政策行为主体面临的激励与约束对其实施效果的影响。这对于中国产业政策的制定和实施具有重要的参考价值,也有助于进一步明晰政府与市场的边界,增加政策制定、实施的规范化和科学化程度。

1.2 概念界定

在分析本书所要研究的问题之前,首先对书中涉及的基本概念进行界定和说明,以消除因对基本概念认识的不统一而产生的分歧,从而有助于更好地理解本书的内容。

1.2.1 产业政策概念的界定

自"产业政策"一词出现以来,虽然众多学者和一些组织机构对产业政策进行了定义,但迄今为止,学者们对产业政策的理解仍未达成共识。本书选取部分代表性文献以及维基百科中关于产业政策的解释,以分析不同定义的共性和差别。在此基础上,给出本书对产业政策定义的理解,见表1-1。

表1-1 部分代表性文献中对产业政策定义的理解

文献来源	产业政策定义
Johnson,1982	为了提升在全球市场的竞争能力,政府在其国内推行的发展或限制各种产业的行为总称
江小涓,1990	政府为了实现某种经济和社会目标而制定的有特定产业指向的政策总和

续表

文献来源	产业政策定义
Chang，1994	国家针对某些特定产业（及该产业中的企业）而制定的以取得符合经济发展大局所需的预期结果为目标的政策
罗德里克，2008	产业政策泛指那些调整政策，尤其是推动经济结构调整的政策，无论这些政策本身是运用在各个产业内还是在制造业内
林毅夫，2010	新结构经济学认为，政府在产业多样化和产业升级过程中的作为，应被限制在为新产业提供信息、为同一产业中不同企业的相互关联投资提供协调、为先驱企业补偿信息外部性以及通过鼓励外商直接投资来培育新产业这四个方面。政府必须有效承担起在提供硬性和软性基础设施过程中的领导作用，以降低单个企业的交易费用，促进经济体的产业升级和经济发展
Aghion et al，2015	包括政府补贴、税收减免、贷款（低息）和关税，并将"促进竞争的产业政策"定义为更分散地面向某个部门内的所有企业或者鼓励新企业和更高效企业的政策措施
罗宾逊，2016	政府通过从关税、外贸政策，到税收优惠、各种补贴、出口加工区以及国有制等措施有意识地促进工业发展
张维迎，2016	政府出于经济发展或其他目的，对私人产品生产领域进行的选择性干预和歧视性对待，其手段包括市场准入限制、投资规模控制、信贷资金配给、税收优惠和财政补贴、进出口关税和非关税壁垒、土地价格优惠等
寇宗来，2017	基于"特惠"视角的分析框架，将产业政策定义为"针对特定产业、产品和企业维度的优惠政策"
维基百科	产业政策是一种政府行为，通过鼓励特定制造业部门或其他有关部门的发展和增长，以提升国内企业的能力和竞争力，并促进结构转型

表1-1表明，尽管不同的学者对产业政策的定义并不相同，但他们之间仍存在着一些共同点：首先，产业政策的对象均指向特定产业中的企业，也就是说，产业政策资源的分布均呈现出某种程度上的"有偏性"或"歧视性"；其次，在产业政策制定的过程中，政府均设定了产业政策目标；最后，尽管产业政策的具体含义并不完全相同，但在不同的定义中，政府补贴和税收减免都是主要的政策工具。

定义之间的差别体现如下。第一，产业政策的理论依据不同，这反映了经济学家们对政府与市场之间关系认识的分歧。林毅夫（2011）认为，产业政策的作用在于培育新产业，主要措施包括为新产业提供信息支持、协调同一产业中不同企业之间的关联投资、补偿先驱企业的信息外部性以及鼓励外商直接投资。在林毅夫（2017）看来，市场本身存在着信息外部性和协调失灵，需要政府"有为之手"的干预；张维迎（2016）认为，产业政策是政府为实现特定目的而对私人企业在生产领域的一种选择性干预和歧视性对待，不包括普遍性的政策、专利保护以及地区政策。在张维迎看来，自由市场能够自我实现最优资源配置，产业政策的存在没有理论依据，因而也是完全不必要的。第二，产业政策涵盖的范围不同。Johnson（1982）认为，产业政策泛指促进发展的各种政策总称，如出口工业区、保税区等；罗德里克（2008）则将产业政策限定在推动产业结构调整的政策，主要政策工具为政府补贴、税收减免、低息贷款和关税。

借鉴相关文献的定义，本书中的产业政策是指：政府为提高企业的竞争力和产业技术水平、促进产业结构的优化升级和经济结构的调整而对特定产业进行干预的政策总称，主要政策工具包括政府补贴、税收减免、关税、市场准入、低息贷款等。

1.2.2 中国式分权治理模式的含义

20世纪80年代以来，在各国的治理实践中，中央向地方的分权成为一种全球性现象，同时在理论上，大量的文献都强调分权和地方之间的竞争对经济增长的促进作用。中国的改革实践通过政治上的相对集权和经济上的相对分权，保障了地方政府的行为选择以中央政府发展目标为导向的同时，成功发挥了向地方分权和地区之间竞争的内在优势，被认为是当代联邦主义最成功的案例。

中国式分权治理模式的主要特征体现为政治上的相对集权和经济上的相对分权（根据行文的需要，下文有时简称为政治集权和经济分权）。在政治层面，中央政府通过组织和人事制度掌控着（省级）地方政府主要官员的升迁和调动，并将具体任务通过"行政分包制"下达给地方政府，使地方政府的行为与中央政府的发展目标保持一致；在经济层面，经济上的相对分权给予了地方政府发展经济的自主性，鼓励地方政府结合自身的资源禀赋和基础条件积极促进本地的经济发展，并展开地方政府之间的竞争。

在政治层面，中央政府的权威可以通过中央政府考核内容的变化对地方政府行为选择的影响来体现。政治集权的体制下，随着中央政府发展目标的变化，中央政府对地方政府的考核内容相应改变，影响了地方政府在不同任务上的努力配置，进而对产业政策实施效果产生重要影响。在经济层面，向地方分权主要体现为财政分权。财政分权是指中央向地方下放一部分财政管理与决策权的过程，是经济分权的核心要素。财政分权程度可以采用收入法指标（Revenue Index）、支出法指标（Expenditure Index）、财政自主度指标（Fiscal Autonomy Index）来衡量，不同指标的测算方法将在第六章中详述。

1.2.3 产业政策实施效果的含义

本书研究的产业政策仅限于制造业，不包含农业、服务业以及工业中采掘业、建筑业等行业中的产业政策。中国产业政策的主要目标是：引导产业发展方向，提升产业技术水平和国际竞争力。以传统产业为例，中央政府的产业政策目标旨在鼓励和支持发展先进生产能力，限制和淘汰落后生产能力，防止盲目投资和低水平重复建设，推进产业结构优化升级。[①] 借鉴 Aghion et al（2015）、勃兰特（2016）的做法，本书用产业内企业层面的全要素生产率均值来衡量产业政策预期目标的实现程度。因而，本书中的产业政策实施效果是指产业政策作用于特定产业中的企业并使企业全要素生产率（Total Factor Productivity，TFP）提高的程度，即基于目标产业相关数据通过回归估计得到的产业政策对企业 TFP 均值的影响系数。相应地，产业政策对企业 TFP 均值（正向）作用系数的增加视之为产业政策实施效果的优化。

在索洛经济增长核算框架下，全要素生产率（TFP）为扣除资本、劳动力等有形生产要素投入对生产率贡献后的余量，又称为"索洛余值"。全要素生产率的差异反映了生产函数等产量线的移动，即在给定要素组合下的产出变化。常用的计算方法有数据包络分析（Data Envelopment Analysis，DEA）、随机前沿分析（Stochastic Frontier Analysis，SFA）、参数线性回归估计，以及半参数 OP（Olley-Pakes）方法、LP（Levinsohn-Petrin）方法。不同的方法各有优缺点，并需要满足一定的适用条件。其中，OP、LP 方法和参数线性回归估计均基于索洛经济增长核算框架，并且更加适用于企业层面全要素生产率的测算。对于产业层面的 TFP，需要对企业层面的TFP进行加权求和。SFA 方法的

---

① 国务院关于发布实施《促进产业结构调整暂行规定》的决定（国发〔2005〕40号）。

优点在于充分考虑了生产要素投入与产出之间的内生性；不足之处是仍然需要为生产函数指定一个函数形式。在本书中，企业层面的TFP主要通过LP方法进行测算。

传统上，通过OLS方法计算得到的TFP，由于生产要素投入可能受到产出的影响而发生波动，因而要素投入与产出之间可能存在内生性问题。Olley and Pakes（1996）通过引入投资变量作为产出波动的代理变量，发展了OP方法。随后，Petrin et al（2004）指出，应用OP方法估计生产函数仍然存在两个问题：第一，投资形成资本存量，而资本存量的变动会引起成本的变动，从而影响了用投资变量作为产出冲击代理变量的有效性，违反了代理变量的单调性条件；第二，从数据本身来看，投资变量可能是截断数据，从而导致对系数的估计出现偏误。在OP方法的基础上，Levinsohn and Petrin发展了LP方法，改用中间投入作为产出波动的代理变量。

LP方法假设企业的生产技术服从柯布-道格拉斯生产函数，即

$$Y_{it}=A_{it}L_{it}^{\alpha}K_{it}^{\beta}M_{it}^{\gamma} \qquad (1-1)$$

在式（1-1）中，Y_{it}为i企业t年的工业增加值，A_{it}为企业的技术水平，L_{it}^{α}、K_{it}^{β}、M_{it}^{γ}分别为i企业在t年的劳动力、资本和中间投入，α、β、γ分别为劳动力、资本和中间投入的产出弹性。

对式（1-1）的两边取对数，得到计量模型：

$$y_{it}=\beta_0+\beta_1 k_{it}+\beta_2 l_{it}+\beta_3 m_{it}+\omega_{it}+\mu_{it} \qquad (1-2)$$

在式（1-2）中，y_{it}、k_{it}、l_{it}、m_{it}分别为产出、资本、劳动和中间投入的对数，ω_{it}为影响产出的随机冲击变量，β_0和ω_{it}之和为全要素生产率，μ_{it}为服从独立同分布假定的误差项。因m_{it}与k_{it}、ω_{it}有关，故m_{it}可以表示为：$m_{it}=m_{it}(k_{it},\omega_{it})$，则$\omega_{it}=\omega_{it}(k_{it},m_{it})$，将其带入式（1-2）得：

$$y_{it}=\beta_1 l_{it}+\varphi_{it}(k_{it},m_{it})+\mu_{it} \qquad (1-3)$$

其中，$\varphi_{it}(k_{it}, m_{it}) = \beta_0 + \beta_2 k_{it} + \beta_3 m_{it} + \omega_{it}(k_{it}, m_{it})$，为非参数估计量。参照 Robinson（1988）的做法，对式(1-3)中参数估计分两步进行：

第一步，估计可调节变量——劳动力的产出弹性。通过式(1-3)得到预期方程：

$$E[y_{it}|m_{it}, k_{it}] = E[l_{it}|m_{it}, k_{it}])\beta_1 + \varphi_{it}(k_{it}, m_{it}) \quad (1-4)$$

用式(1-3)减去式(1-4)得：

$$y_{it} - E[y_{it}|m_{it}, k_{it}] = (l_{it} - E[l_{it}|m_{it}, k_{it}])\beta_1 + \mu_{it}) \quad (1-5)$$

由于式(1-5)消去了非参数估计量，并且已知 μ_{it} 服从独立同分布假设，因此可以运用 OLS（Ordinary Least Squares）方法估计出 β_1。

第二步，估计状态变量——资本及中间投入的产出弹性。运用第一步估计的结果构建新的估计方程如下：

$$y_{it}^* = y_{it} - \beta_1 l_{it} = \beta_0 + \beta_2 k_{it} + \beta_3 m_{it} + \omega_{it} + \mu_{it} \quad (1-6)$$

假定 ω_{it} 服从一阶马科维茨过程，表示为 $\omega_{it} = E[\omega_{it}|\omega_{it-1}] + \eta$。进一步，可以将式(1-6)转化为

$$y_{it}^* = \beta_2 k_{it} + \beta_3 m_{it} + g(\omega_{it-1}) + \mu_{it}^* \quad (1-7)$$

其中，$g(\omega_{it-1}) = \beta_0 + E[\omega_{it}|\omega_{it-1}]$，$\mu_{it}^* = \mu_{it} + \eta$。

对式(1-7)我们通过增加约束条件①运用与第一步中相似的方法求出 β_2 和 β_3，从而计算出索洛残差，并得到企业层面的全要素生产率。

1.3 思路和方法

本书的主要研究目标为：从地方政府落实产业政策面临的激励和约束出发，分析中国式分权治理模式对产业政策实施效果的影响，并

---

① 在完全竞争条件下，均衡条件满足中间投入的收入份额等于其产出弹性，即为新增的约束条件。

结合双重转型的现实背景，进一步讨论中国式分权治理模式对产业政策实施效果的影响是否内生于不同地区的经济发展水平和市场化进程。为了研究目标的顺利完成，首先，在现有文献的基础上，系统梳理了产业政策和中国式分权理论和经验的相关研究文献，进而确定本书的研究切入点；其次，构建了转型期中国式分权治理模式影响产业政策实施效果的理论分析框架，并提出本书的研究假说；再次，以中国工业规模以上企业层面的数据为样本，从经验层面考察了中央政府考核内容的变化、中央政府与地方政府之间的财政分权程度对产业政策实施效果的影响；最后，进一步引入人均GDP和市场化水平变量，研究不同的经济发展阶段和市场化水平下的中国式分权治理模式对产业政策实施效果影响的差异。本书的研究思路可以概括如下。

（1）明晰研究的问题，确定研究视角。

（2）梳理国内外相关文献，收集、整理数据，拟定研究方案。

（3）建立本理论分析框架，得出待验证的研究假说。

（4）围绕研究主题，归纳分析典型事实，对研究假说进行初步验证。

（5）针对待验证的假说进行研究设计，试图运用中国工业规模以上企业层面的数据对假说依次进行经验检验。

（6）基于现有文献，对实证结果进行分析。结合本书的理论研究和对典型事实的梳理归纳，得出主要结论。

（7）基于研究结论，提出具有可操作性的政策建议。

鉴于上述研究目标和研究思路，本书将采用理论分析与经验研究相结合，在总体上偏重经验分析的研究方法。理论分析方面，本书在系统梳理、归纳已有文献的基础上，遵从新古典经济学的分析范式，从地方政府落实产业政策面临的激励与约束出发，借鉴 Holmstrom and Milgrom（1991）的建模思路，构建了中国式分权治理模式影响产业政策实施效果的数理模型，通过对均衡条件的比较静态分析，并依次引入人均 GDP 和市场化水平外生变量，得出本书待验证的假说；经验研究方面，从中国式分权治理模式影响产业政策实施的典型事实出发，运用中国工业规模以上企业层面的数据，通过联立方程模型、面板数据固定效应模型、三项交互项回归分析以及分组回归的方法对理论假说进行经验验证，并采用系统广义矩估计（SYS-GMM）等方法处理可能存在的内生性问题，进而得出本书的研究结论，提出有针对性的政策建议。

1.4 框架和内容

在结构框架上，本书尽力做到节与节之间、章与章之间的层层递进和总体上的逻辑自洽，如图 1-1 所示。

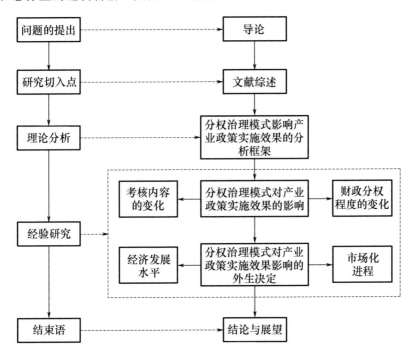

图 1-1 本书的结构框架

第一部分是导论，介绍文章的选题背景、研究意义、研究内容、研究方法和研究思路；第二部分是文献综述，分析有关的研究文献，梳理研究脉络，并追踪研究进展，确定本书的研究切入点；第三部分是理论分析，围绕本书的研究内容，尝试通过严谨的数理方法，建立中国式分权治理模式影响产业政策实施效果的分析框架，得出待验证的理论假说；第四部分是经验研究，运用中国工业企业层面的相关数据，对本书的理论假说进行经验验证；第五部分是对全文的总结，包括研究结论、政策含义、边际贡献、存在的不足之处，以及下一步的研究方向。

在内容安排上，全文共分为 8 章，下面将对每一章的具体内容以及在整个研究中的角色概述如下。

第 1 章是绪论。导论是整个研究的"纲"，在导论中，从研究背景和研究意义出发，引出本书的研究主题，并明确研究目标。基于对研究问题的把握和预期的研究目标，阐述了本书拟采用的研究方法、具体的研究内容以及可能的创新。在此基础上，给出了总体的研究思路和全文结构框架。另外，导论也对本书中涉及的重要概念进行界定，以消除在基本概念理解上的分歧。

第 2 章是文献综述。在明确了研究的"纲"之后，接着围绕与研究主题有关的两类文献进行分析和梳理，以确定本书的研究切入点。通过对产业政策相关文献的分析，熟悉了产业政策的理论演进脉络和研究现状，了解了产业政策研究的发展趋势和未来的研究重点——"产业政策实施中的政治经济学"，即研究特定国家的制度对产业政策实施效果的影响；通过对有关中国式分权治理模式文献的梳理，了解了财政联邦制理论提出的背景、作用、优势以及不足，从而有助于进一步加深对中国式分权治理模式及其作用机理的理解。在深刻理解中国式分权治理模式的基础上，结合产业政策研究趋势，得出本书的研究切入点——中国式分权治理模式对产业政策实施效果的影响。

第 3 章构建了中国式分权治理模式影响产业政策实施效果的理论分析框架。本章是全文的核心内容之一，也是后续经验研究的理论依据。本章的主要任务是：首先，借鉴 Holmstrom and Milgrom（1991）的多任务委托-代理模型建模思路，发展了一个中国式分权治理模式影响产业政策实施效果的理论分析框架；其次，依托本书的分析框架，研究中央政府考核内容的变化、中央政府与地方政府之间的财政分权程度对产业政策实施效果影响的传导机理；最后，通过内生化不同任务之间的努力替代效应变量，从理论层面进一步分析不同人均 GDP 和市场化水平下，中国式分权治理模式对产业政策实施效果影响的差异，进而得出本书的研究假说。

第 4 章总结了中国式分权治理模式的特征及其对产业政策影响的典型事实。本章的主要目的是运用中国工业企业层面的数据和中国公共财政的相关数据，围绕第 3 章提出的理论假说，梳理中国式分权治理模式的特征、中国式分权治理模式影响产业政策实施的典型事实，为后续的经验研究奠定基础。

第 5 章通过研究中央政府考核内容的变化对产业政策实施效果影响，提供了中央政府目标具备的"多任务"特征对产业政策实施效果影响的经验证据。在政治集权的体制下，地方政府的行为选择主要取决于中央政府对地方政府在不同任务上努力投入的激励以及不同任务之间的努力替代效应。当中央政府的发展目标发生变化时，中央政府对地方政府的考核内容也随之改变，影响了地方政府在不同任务上的努力配置，进而对产业政策实施效果产生重要影响。本章从经验层面研究了中央政府对地方政府的考核内容从偏重经济增长向重视产业升级的转变对产业政策实施效果的影响，以验证本书的假说 1。

第 6 章从经验层面考察了中央政府与地方政府之间的财政分权程度

对产业政策实施效果的影响。财政分权是经济分权的核心，财政分权程度的提高强化了地方政府追求经济收益的内在激励，并通过改变地方政府在不同任务上的努力配置而对产业政策实施效果产生重要影响。本章的目的是在理论分析的基础上，基于中国工业和公共财政的有关数据对本书的假说2进行经验验证。

第7章从发展转型与体制转型的视角出发，从经验层面研究了不同的人均GDP和市场化水平下，中国式分权治理模式对产业政策实施效果影响的差异。从低收入水平国家向中高收入水平国家的发展转型和从计划经济向市场经济的体制转型是中国经济发展的重大战略任务，也是当前中国经济发展的现实背景。因而，研究中国式分权治理模式对产业政策实施效果的影响不能忽视经济发展阶段和市场化程度的外生影响。本章将从经验层面对上述议题展开研究，以验证本书的假说3和假说4。

第8章是结论与展望。基于上述章节的理论分析和经验研究，本章首先总结本书的研究结论；其次，在研究结论的基础上，提出相应的政策建议；最后，重新审视整个研究，提炼出本书可能的边际贡献，并总结研究的不足和下一步的研究设想。

第 2 章

文 献 综 述

2.1 引 言

20世纪50年代以来,学者们在对发展中国家政策效果差异的分析中发现,资源配置机制固然重要,但决定资源配置机制背后的制度安排也许更为根本。既然政策变化要通过政治程序来进行,那么对其研究就必须超出经济分析的正常范畴,应该包括对政策变化进行政治经济学研究。

作为中国经济转型和发展的基本制度,中国式分权治理模式对地方政府的行为选择产生了重要影响。与日本、韩国等经济体不同,地方政府在中国的产业政策实施过程中扮演了重要角色。具体而言,中国的产业政策是由中央政府与地方政府共同负责的,其政策效果很大程度上依赖于地方政府在落实产业政策方面的努力投入。也就是说,中国产业政策的实施效果与地方政府落实产业政策面临的激励与约束,进而与中国式分权制度密切相关。尽管鲜有文献关注中国式分权对产业政策实施效果的影响,但围绕产业政策、中国式分权,经济学家展开了大量的研究,并形成了丰富的研究成果。本章依托现有文献,分别梳理了产业政策、中国式分权的研究脉络,从理论和经验两个方面进行归纳总结。

通过本章的研究,一方面界定了中国式分权治理模式影响产业政策实施效果研究的逻辑起点;另一方面,顺应了产业政策的研究脉络,并在拓展中国式分权有关研究方面进行了尝试。图2-1是本章研究的基本思路。

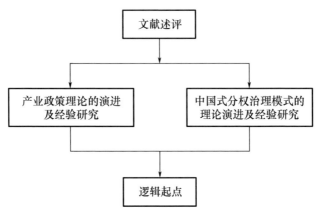

图2-1 本章研究的基本思路

2.2 产业政策理论的演进及经验研究

2.2.1 产业政策理论的演进

从政府与市场之间的关系出发，受经济发展思想和各国工业化实践的驱动，产业政策理论大致经历了三个发展阶段（席建成、孙早，2017）：替代市场阶段、市场增进阶段和产业政策与市场机制的条件相容阶段。

1. 替代市场阶段

从18世纪初英国在追求工业化过程中首次实施产业政策始，到20世纪50年代末结构主义发展思潮的兴起止，可以认为是产业政策的替代市场阶段。这一时期的产业政策理论尽管承认市场失灵是产业政策存在的前提，但在解决市场失灵的方法上强调通过政府的产业政策在市场失灵的领域替代市场，以促进经济发展。简言之，政府与市场之间是"替代"关系。

1701年，英国政府颁布了《棉布法案》，试图通过增收极高的关税以限制来自印度的棉纺织产品，结果导致英国棉纺织业的投资回报率显著上升，吸引了企业家对该产业的大量投资，从而引发第一次工业革命。在 Pincus and Steven（2009）看来，"这批政策或许是世界上最为成功和影响最深远的产业政策之一，堪称'产业政策之母'"。紧随英国的工业革命，美国及德国等西欧国家相继实现从低收入水平的农业国家向高收入水平的工业化国家转变。在第一批工业化国家的经济发展过程中，贸易保护、税收优惠、政府补贴等产业政策均得到广泛运用，并对经济发展起到了显著的促进作用。美国第一任财政部部长、经济学家汉密尔顿认为，在产业发展早期，为避免国际上先进的同类产业冲击，政府应采取某些过渡性措施对"幼稚产业"进行保护，待产业发展相对成熟，且具备一定竞争力的时候，再准许其参与国际竞争，实现贸易的自由化。随后，德国经济学家李斯特进一步将"幼稚产业保护理论"系统化，论证了政府干预经济的合理性和产业政策存在的必要性，奠定了产业政策"替代市场论"的理论基础。

进入20世纪，伴随着发展经济学的兴起，"替代市场论"逐步成为发展经济学的主流理论。Rosenstain and Rodan（1943）在总结东欧和东南欧国家工业化经验的基础上提出了"大推进"理论。在他看来，制约发展中国家经济发展的主要因素是市场需求不足。如果政府能够对关联产业进行互补性投资，实施"大推进"战略，那么随着需求规模的扩大，产业将进入良性发展的轨道，进而有助于突破工业化的瓶颈，实现经济的健康快速发展。Gerschenkron（1962）进一步指出，在市场失灵的领域，政府可以通过产业政策弥补市场的不足，以促进经济的发展。市场失灵主要体现在两个方面：一是由于信息外部性的存在，依靠市场机制无法实现帕累托最优。例如，先驱企业承受了较高的投资成本和较大的创新风险，但从其创新成败中获得的经验教训却是潜在企业家之间的共同知识，因而导致先驱企业的创新意愿不强，投资动力不足；二是协调障碍导致产业的发展处于一种次优状态，也就是 Nurkse（1953）所谓的"低水平均衡"。在 NurKse 看来，欠发达国家中，企业投资的收益往往取决于其关联产业的需求。如果与其关联的产业发展滞后、有效需求不足，那么经济体的发展将陷入低水平的均衡陷阱。

在"替代市场论"成为产业政策主导理论的时期，产业政策的反对者认为：第一，政府干预将扭曲自由市场的价格信号，导致资源配置效率的损失；第二，制定产业政策的政府，在"利润最大化"假设的驱使下，将会受到权利、职位及相关物质利益的影响，采取能够给他们带来效用最大化的行为，这种选择的结果可能会偏离公共目标，从而导致"政府失灵"。

2. 市场增进阶段

针对"替代市场论"阶段存在的理论争议，在总结 20 世纪 60 年代以来东亚国家发展经验的基础上，以青木昌彦为代表的一些经济学家提出了产业政策的"市场增进论"。在他们看来，政府干预应被视为一种机制，在这种机制下，政府是一个与经济体系相互作用的内在参与者，而不是一个附着于经济体系之上的、负责全能解决协调失灵问题的外在而中立的机构。通过这种机制，政府的政策目标应聚焦于改善私人部门解决协调问题及克服市场缺陷的能力。

20 世纪 60 年代以来，一方面，以韩国、日本为代表的国家在政府的推动下纷纷实现了国家的工业化，成功迈进了发达国家的行列，这被称为"东亚奇迹"；另一方面，苏联成员国遵从华盛顿共识所倡导的政策建议，实施"休克疗法"，试图实现经济体制的转型，却陷入了中等收入陷阱的泥潭。总结"东亚奇迹"的成功经验,东亚国家中强势政府实施的产业政策被视为重要的原因之一。进一步的研究发现,东亚国家中的产业政策,其作用主要在于促进上下游产业之间的关联投资、帮助先驱企业克服信息的外部性,而对企业的直接行政干预较少。也就是说,在东亚国家中,产业政策的作用在于增进了市场机制,使市场的作用更好地发挥,而不是替代市场——"市场增进论"应运而生。

"市场增进论"与"替代市场论"的相同之处是:两者的理论基础均基于信息不完全和外部性导致的市场失灵;区别之处在于:"市场增进论"并不认同产业政策能够通过替代市场机制的作用而实现资源的有效配置。恰恰相反,持"市场增进论"观点的经济学家认为,产业政策需要通过市场机制来发挥作用。在他们看来,政府可以通过与企业合作,共同克服市场存在的信息不完全和协调失灵问题,以培育市场竞争中的"潜在优胜者",而不是预先挑选"优胜者"进行扶持和给予保护。相比于"替代市场论","市场增进论"似乎更接近政府与市场之间关系的本质,强调产业政策作用的发挥应通过"增进市场"来实现,从而避免了政府失灵与市场失灵之间的理论争议。

问题在于,"市场增进论"的理论出发点是论证产业政策的合理性,因而缺乏对产业政策实施环境和制度背景的深入研究。基于"市场增进论",发展中国家的决策者们仍然难以得到契合本国制度和政治经济特征的有效政策处方。一批发展中国家的经济学家在对发展中国家实践历程的回顾与反思基础上,提出了新的发展观:不仅要注重资源配置,而且更要注重有效地利用这些已配置的资源;不仅要制定正确的政策,而且要注重构造出执行政策的恰当的制度安排(邹薇,2007)。

3. 产业政策与市场机制的条件相容阶段

进入 21 世纪，以罗德里克（2008）、林毅夫（2011）、Aghion et al（2015）为代表的经济学家逐渐将研究视角转向产业政策的实施层面，特别是与特定国家的制度背景相结合，探讨产业政策成功的条件或者失败的原因。至此，产业政策理论至少在认识层面上已达成共识：即当产业政策的作用对象、实施主体、制度环境等因素满足一定的条件时，产业政策便能够实现预期的目标；否则，产业政策的实施可能会干扰市场，不利于市场资源配置机制的有效发挥。也就是说，产业政策与市场机制在某种程度上能够实现共容，也称为产业政策与市场机制的"条件相容"（席建成、孙早，2017），产业政策理论的发展进入条件相容阶段。

对于产业政策该如何实施，林毅夫（2011）提出了较为系统的方案。在他看来，产业政策应该顺应比较优势，通过有效的市场实现有为政府"引导经济发展"的职能。关于是否应该遵从比较优势，张夏准提出了不同的看法。他认为，发展中经济体之所以能够通过产业政策实现经济赶超，原因恰恰在于产业政策的制定和实施违背了经济体的比较优势。Aghion et al（2015）基于中国工业企业层面的数据研究发现，在目标产业的选择上，越是竞争性的产业，产业政策越有效；在实施方式上，如果能够较为分散地实施产业政策，那么产业政策便可以显著促进全要素生产率的提高。还有一些文献则从激励的视角对产业政策展开研究：基于委托-代理理论，Laffont（2000）发展了一个有关产业政策作用机制的分析框架。在他看来，产业政策可以被视为一种激励机制，通过适当的机制设计，产业政策可以实现预期的政策目标，而政策租金便是其实现预期目标的必要成本。也就是说，产业政策可以理解为"为减少效率损失而支付的信息租金"。罗宾逊（2016）则走得更远，他坚持认为，产业政策的失败大多是由错位的政治激励所引发的，而要使产业政策促进经济体的工业化，则需要改变政治均衡格局，促使掌握政治权利的群体与社会其他成员实现激励相容。

产业政策从"替代市场论"到"市场增进论"，再到"条件相容论"的理论演进，实质上体现了人们对于市场机制在认识上的逐步深化。如果说"替代市场论"和"市场增进论"的立足点是回应产业政策是否需要的理论争议，那么"条件相容论"的提出，标志着产业政策的研究视角已经发生转变，即从"产业政策是否需要"转向"产业政策应该怎么做"。进一步，如果我们能够深入理解产业政策发挥作用所依赖的具体条件，并且厘清相关因素对产业政策实施效果的影响机制，那么，关于"产业政策是否需要"便失去了讨论的价值。而现阶段最为迫切也最有价值的工作，是对产业政策做出科学细致的分类，考察各种产业政策是如何影响产业发展的，进而讨论如何才能提高产业政策的成功率，或者在何种情况下何种形式的产业政策才能有可能对产业发展起到促进作用而非抑制作用（寇宗来，2017）。

2.2.2 有关产业政策的经验研究

伴随着产业政策理论的演进，有关产业政策的经验研究文献也大量涌现。总体而言，围绕产业政策的经验研究大致经历了两个发展阶段：早期主要聚焦于产业政策的有效性，近年来则从产业政策制定和实施的影响因素出发具体分析不同约束条件下产业政策的实施效果。

1. *产业政策的有效性*

围绕产业政策的有效性，存在两种不同的观点：一种观点认为，产业政策对于发展中经济体的工业化具有积极的作用。Johnson（1982）、Asmden（1990）、瞿宛文（2001）等在围绕东亚奇迹的研究中发现，强势政府通过进口替代、政府补贴等方式推动相关产业的发展是这些国家成功实现工业化的共同点。Johnson（1982）系统总结了日本工业化的经验，认为通产省实施的产业政策对于日本经济奇迹发挥了极其重要的作用；Asmden（1990）的研究表明，韩国在实现工业化的过程中，政府的作用在于把（相对）价格做错，以提高产品的竞争力，进而促进经济的发展；寇宗来（2017）通过对中国台湾地区工业化的经验研究发现，政府是市场化改革的引领者和推动者；瞿宛文（2001）的研究发现，产业政策对于中国台湾地区石化、钢铁、集成电路产业的成功起到了重要的作用；佐贯利雄（1987）、南亮进（1992）等经济学家基于产业结构与经济发展水平的相关性，论证了后进国家通过"后发优势"推动产业结构转型升级的可能性。杨治（1982）则走得更远，他基于日本产业政策的经验，提出了产业政策挑选"赢家"的两个基准——"收入弹性基准"和"生产率上升基准"。

另一种观点则坚持相信产业政策对产业发展的促进作用并不显著，且实施产业政策的负面效应远远大于产业政策对经济发展的正面效应。Krueger and Tuncer（1982）最早通过系统的经验证据质疑了产业政策的有效性。他们基于土耳其产业层面的数据研究发现，受到较多保护的产业，其全要素生产率的增长并没有显著高于其他未受到保护的产业；Beason and Weinstein（1993）运用日本13个产业部门1955—1990年的样本数据，研究了产业政策对部门全要素生产率增长的影响，却没有发现优惠政策（以税收、补贴和有效保护比来衡量）对目标部门的规模收益、资本累积率或TFP有显著的贡献；Pack（2000）的研究表明，产业政策并不是促进日本和韩国经济增长的主要原因。经验研究发现，在考察期内，尽管日本和韩国的工业TFP均有显著增长，但通过估算大致可以得出，产业政策的贡献只占GDP增长的0.5%。

通过上述分析可以发现，关于产业政策有效性的争议始终存在。可能的原因在于：一方面，在不同的研究文献中，产业政策的概念、变量、度量以及有关产业政策有效性的衡量标准存在很大差异；另一方面，正如 Krugman（1983）所强调的，关于产业政策的经验研究始终没有解决"如果没有产业政策，是否会取得更好的发展绩效"问题。也就是说，已有的研究在内生性问题和反事实验证方面并没有给予足够的关注。内生性的产生可能是因为遗漏变量问题，即在产业政策有效性的研究中忽略了其他重要的影响因素，也可能是因为逆向因果效应的存在，忽视了企业规模、竞争力等因素对产业政策制定和实施的影响。

2. 产业政策制定和实施的影响因素

现有关于产业政策制定和实施的影响因素研究大致沿着三条路径展开。

在微观层面上，Acemoglu et al 通过引入企业异质性，考察了产业政策对不同效率企业作用效果的差异。他们发现，产业政策的实施效果与企业的类型有关。如果产业政策被用于促进企业的优胜劣汰和企业之间配置效率的改善，那么产业政策能够显著促进全要素生产率的增长；如果产业政策被用于保护效率较低的企业，延缓低效率企业的退出，或者产业政策被用于维持企业的日常经营，那么产业政策的作用是消极的，最终将助长资源错配。这一发现也被姚洋和杨如岱（2014）的研究所证实，基于中国产业政策的实践，他们发现，中国政府设立经济开发区和对企业的直接补贴等产业政策对低效率企业有明显的保护作用，不利于市场机制的发挥。黎文靖和李耀淘（2014）运用中国A股上市公司2001—2011年的财务数据研究发现，总体上，产业政策并没有显著提升企业投资。以产权性质分组的分析表明，产业政策能够增加民营企业的投资，但企业的投资效率下降，这一结果在国有企业中并不显著。韩乾和洪永淼（2014）运用上海证券交易所的交易数据研究了战略性新兴产业政策对金融证券价格和投资者行为的影响。他们发现，由于机构投资者和其他投资者之间的信息不对称，在短期内，产业政策能给机构投资者带来较高的超额收益。中长期来看，由于其他投资者受到过时信息羊群效应的影响而易被"套牢"，所以整体而言，产业政策对收益率并没有影响，但客观上却导致了财富的再分配。

在中观层面上，林毅夫（2011）强调了遵从比较优势的重要性。Ju et al（2011）研究认为，只有当时间折现率足够大或足够小时，自由市场的均衡才是帕累托最优的结果。当时间折现率居于中间时，多重均衡的可能性使得政府需要识别符合比较优势的产业，并且需要协调多个产业的投资以保持投资的同步性；但如果政府选择的产业违背了经济体的比较优势，那么产业政策的实施可能导致更坏的结果。陈钊和熊瑞祥（2015）的研究进一步发现，产业政策实施效果在那些符合比较优势的行业中呈现出逐年递增的趋势，而在不符合比较优势的行业中效果不明显；另一类研究更为关注产业特征对产业政策实施效果的影响。基于1998—2007年中国工业规模以上企业层面的数据，Cai et al（2011）的研究发现，通过制定较高的关税税率对具有比较优势的产业进行保护，可以促进被保护产业中企业全要素生产率的显著提高。

在宏观层面上，钱颖一和温加斯特研究了中国式分权对不同所有制企业绩效影响的差异。他们认为，对国有企业和乡镇企业发展绩效差异的解释与他们所面对的激励有关，由于经济联邦制和国际竞争的约束，不同层级的政府为企业创造了不同的激励。与中上层级政府面对的激励不同，最低一级的政府无法为乡镇企业提供免于国际竞争的保护措施；并且由于最低一级的政府没有独立的财政，因而也不存在预算软约束的制度环境，这些因素使得乡镇企业"唯有增长才能生存"。冈琦哲二通过对日本战后经济恢复时期政企关系的研究表明，产业政策要取得成功需要政府与企业在政策目标和实施环境方面满足一定的条件：首先，二者应在政策目标上达成共识；其次，经济体需要具备合适的制度环境；

金滢基等（1997）通过对日本、韩国石化业的案例研究表明，如果政府能够通过精心设计的制度来降低信息不完全的影响，那么产业政策可能会取得更好的效果。Trefler（2010）研究发现，以保护特定行业技术发展为目标的关税政策对长期经济增长的促进作用取决于特定国家的制度，制度越完善，政策实施中发生寻租的可能性越小，政策效果则可能越显著。在 Cimoli et al（2012）看来，成功的产业政策取决于要素和制度的共同作用：要素可以理解为对私人部门的补贴、对人力资本的投资，而制度使得补贴、投资等要素作用于经济成长而不是"进入寻租者的口袋"。

从对近年来有关产业政策经验研究文献的梳理中可以看出，特定国家的行政管理体制和制度对产业政策实施效果具有重要的影响。制度作为社会中博弈的规制，构成了人们之间交往互动的约束，从而创造了对行为主体的不同类型激励。North（1990）将制度定义为社会中协调行为主体博弈的一组规则。更正式地，可以将制度理解为形塑人们之间互动交往的不断修订的约束条件。不同于 North 的定义，许成钢（2017）认为，制度的作用在于对经济行为主体产生激励，但其形式可能是多样的。在这个意义上，中国式分权治理模式是一项对中国经济转型和发展具有深远影响的基本制度。

2.3 中国式分权治理模式的理论演进及经验研究

总结中国经济崛起的成功经验：一是市场化改革；二是地方政府之间的竞争。中国的市场化改革也被称可控的市场化，即政府主导下的市场化，其突出特点是先试点、再推广，从而保证了有序的改革；地方政府之间的竞争则同样提供了一种类市场化的机制，使得地方政府为晋升而增长。无论是方法论上的试点还是机制设计上的地区竞争，其体制基础均依赖于中国式分权治理模式。中国式分权治理模式也被认为是中国经济转型和发展的基础制度中国式分权治理模式，它将政治上的集权与经济上的分权相结合，既为地方政府促进经济发展提供了内在激励，又确保地方政府的行为选择与中央政府的政策目标保持一致。自Tiebout（1956）首次在有关公共财政的研究中提出分权理论以来，经济学家围绕中国式分权治理模式进行了大量研究，积累了丰富的文献。本书将从中国式分权治理模式理论演进和经验研究两个方面进行梳理和分析。

2.3.1 中国式分权治理模式的理论演进

中国式分权治理模式是一种政治上相对集权与经济上相对分权相结合的治理结构。它的起源可以追溯至 Tiebout 的研究，后经 Musgrave（1959）、Oates（1969、1977、1993）等经济学家的进一步发展，形成了关于财政联邦制的系统理论，称为第一代财政联邦制。但早期有关财政联邦制的理论主要用于解释分权对公共财政支出效率改善的作用。在对转轨经济体的研究中，Eric et al（2000）将财政联邦制与地方政府的激励、经济转型和增长相联系，逐步形成了第二代财政联邦制，有的学者称为保护市场型财政联邦制（Market-Preserving Federalism，MPF）。中国式分权治理模式是一种典型的保护市场型财政联邦制。与第一代财政联邦制相比，它的不同之处在于：第一，地方政府的行为需要"对上"负责，而非"对下"负责，且以中央政府的发展目标为指引；第二，地方政府的绩效评价取决于中央政府制定的考核目标，而非"民众的偏好或效用"。近年来，特别是中国共产党第十八次全国代表大会召开以来，从政策实施层面来看，中央政府在逐步强化"人民的需求和意愿"对地方政府行为选择的约束作用,即进一步增强了地方政府行为"对下"负责的激励。

1. 第一代财政联邦制

联邦制是由两个或两个以上的政治实体结合而成的一种国家结构形式,其核心是向地方政府的分权。它由宪法规定,划分了联邦政府与地方政府之间的权利和义务。一般情形下,联邦政府行使国家主权,并设有最高的立法机关、行政机关和司法机关领导地方政府;地方政府管理本地的财政、税收、文化、教育等公共事务。1956年,蒂伯特在有关公共财政支出的研究中发现,将财政支出权力让渡于地方政府能够在地方政府之间形成一种"类市场"的竞争机制,从而可以有效地解决中央政府因信息不完全导致的公共支出效率损失问题。后经 Oates 等人的进一步发展,形成了第一代财政联邦制理论,其核心内容称之为"分权定理"。

分权定理指出,在满足:①仅提供单一的公共服务;②存在两个辖区,并且每个辖区对公共服务的需求偏好不同;③居民可以自由迁徙;④公共服务的提供不存在规模经济和溢出效应的假设下,如果可以根据不同辖区对公共服务的需求使政府的产出多样化,那么通过财政分权可以实现帕累托改进,即不使其他人收益受损的情况下,能够有效节约总的社会资源。也就是说,中央政府跨辖区提供同一水平的公共服务无法实现帕累托改进,通过分权由地方政府提供公共服务能够显著改善财政支出的效率。

在第一代财政联邦制理论中,假定中央政府是仁慈的,以最大化社会福利为目标,他们通过分权构建了地方政府之间的竞争机制,弱化了中央政府与地方政府之间的信息不对称程度,从而有助于提高公共财政支出中的监督效率。但也有一些学者指出,向地方政府分权的效果与地区之间政治竞争的强度和地方政府是否具有较高的责任感密切相关。当地区之间政治竞争较弱、地方政府的责任感较差时，地方政府的信息优势无法转化为较高的公共服务支出效率，反而可能会导致更多的腐败行为和更大的效率损失。

2. 第二代财政联邦制

尽管围绕第一代财政联邦制理论已取得丰富的研究成果，为促进中央政府向地方的分权提供了理论支撑。但第一代财政联邦制理论的重点仅限于公共财政领域，并没有进一步讨论财政分权与地方政府激励之间的关系，也没有关注财政分权对经济增长的影响。

第二代财政联邦制将第一代财政联邦制的基本原理应用于研究政府在经济发展和改革中的作用，特别是在经济转轨中与促进市场成长的关系。第二代财政联邦制的核心内容是对地方政府激励机制的研究。关于第二代财政联邦制的研究文献大致可以分为三类。第一类文献强调了组织结构差异对经济发展绩效的影响。Qian and Xu（1993）的研究发现，苏联的U型组织结构和中国的M型组织结构导致的对地方政府激励的差别，是苏联和中国经济改革和发展，特别是民营企业和市场化改革绩效差异的重要原因。在U型组织结构下，企业的控制权归属于"条条上"的国家部委，"块块上"的地方政府在发展地区经济上的激励较弱；在M型组织结构下，企业更多地由地方政府控制，在财政激励的作用下，地方政府对促进当地经济的发展具有较强的内在动力。第二类文献聚焦于地区之间的竞争对经济增长的重要作用。Li and Zhou（2005）的研究表明，地方政府之间"为晋升而增长"的锦标赛模式是中国经济高速增长的制度基础。在中国式分权治理模式中，对地方政府的考核采取的是相对绩效考核标准，地方政府官员的晋升取决于地方政府的相对发展绩效。第三类文献从地方政府晋升机制的视角出发，研究了政治激励来源对经济发展的影响。与传统的财政不同，中国特色的财政联邦制在组织架构方面的一个显著特点是：中国的地方政府官员并非由民众直接选举产生,而是来自上级政府的任命。也就是说,地方政府发展经济不仅来自财政分权产生的激励,更重要的是源于中央政府"胡萝卜加大棒"的组织人事政策,即中央政府能够决定地方政府官员的升迁和调动。

对于地方政府促进经济发展的绩效,一般民众和中央政府都不易直接衡量,但在锦标赛竞争的模式下,民众会参考相邻地区的发展绩效来评价当地政府。地方政府官员知道选民会以其他地方为标尺,因而会效仿其他地区的相关政策来发展本地经济。也就是说,传统的锦标赛竞争描述了一种对下负责的政治体制,也就是一种"自下而上"的竞争。在中国,地方政府的行为选择是以中央政府的发展目标为导向,因而,中国的锦标赛竞争是一种"自上而下"的竞争。

可以看到,在上述三类文献中,前两类文献是从财政分权的视角出发,研究财政分权对经济发展的激励,而最后一类文献则更关注政治集权产生的收益。那么,政治集权、财政分权与经济发展之间具有怎样的关联?Blanchard and Shleifer(2001)通过一个简单的模型对此进行了回答。

$$pay > b \tag{2-1}$$

式(2-1)给出了地方政府选择促进经济增长的政策时应满足的条件,其中,a 为地方政府财政收入分成比率,由中央政府决定;b 为地方政府官员的个人收益;y 为总财政收入,与经济增长正相关;p_y 为地方政府官员"选择促进经济增长的政策"而获得晋升的概率,p_x 为地方政府官员"没有选择促进经济增长的政策"而获得晋升的概率,令 $p=p_y/p_x$。在式(2-1)中,如果中央政府对地方政府的考核内容是经济增长率,那么当地方政府选择促进经济增长的政策时,p 增大,y 增大,假定地方政府财政收入分成比率 a 不变,地方政府官员的个人收益 b 不变,则地方政府促进经济增长的努力投入与中央政府的发展目标是激励相容的。也就是说，来自财政分权的收益密切依赖于某种形式的政治集权，至此，第二代财政联邦制（即维护市场型的财政联邦制）的基本理论框架初步形成。第二代财政联邦制应基于如下的基本假设：①经济体中存在着多层级的行政架构，并且每一层级的政府均有一定程度的财政自主性；②在全国层面，拥有统一的市场，能够保障商品和生产要素的自由流动；③每一层级的政府均不存在软预算约束；④多层级政府各自的权责应在法律层面上予以规范，其权利和责任应保持相对稳定。

进一步研究发现，财政分权也可能导致地区之间的恶性竞争。理论上，发挥锦标赛竞争的积极作用应满足一定的前提条件，如果现实不满足这样的条件，则会产生预期之外的结果。第一，不同的地方政府应面对相同的冲击或不确定性，即他们面临着相同的约束条件。但现实情形是，中国各个地区之间在资源禀赋、产业结构、发展基础等方面存在着较大差异。第二，在单任务委托-代理的分析框架下，结果变量应是代理人努力投入的充分统计量。而现实情况是，政府的发展目标往往是多维的，并且有一些发展目标无法进行定量测度。因而，当中央政府只强调某单一任务目标时，必然会影响地方政府在其他任务上的努力投入。特别是当其他任务目标的结果难以衡量时，锦标赛竞争对经济体的负面影响将不可避免地发生。例如，在中央政府的考核内容偏重经济增长率的时期，中国经济实现了持续的高速增长，但这也导致了环境污染、收入差距拉大等较为严重的负面效应。

如果将第一代财政联邦制的政治激励归因于民众的选举——地方政府官员的行为"对下负责"，将第二代财政联邦制的政治激励归因于中央政府的任命——地方政府官员的行为"对上负责"。那么，未来的政治激励可能将逐渐走向"对上负责"与"对下负责"的有机结合。也就是说，地方政府官员在政治上的晋升激励来自上级政府的任命与民众意愿之间的有机结合。在制度层面，对于地方政府领导干部的选拔任命已逐渐形成了较为完备的程序，充分体现了地方政府行为"对上负责"的总体设计。

2.3.2 有关中国式分权治理模式的经验研究

基于中国式分权治理模式经验研究的相关文献，本节将分别从地方政府的激励机制、中央政府与地方政府之间的财政分权程度以及中国式分权治理模式的影响因素三个方面进行梳理。

在地方政府的激励机制方面，与第一代财政联邦制主要围绕选民通过选举对地方官员的行为进行约束的研究不同，第二代财政联邦制集中于探讨官员治理、地方官员对政治生涯的考量等因素对其行为选择的影响。王媛（2016）的研究发现：在分权治理模式下，地方政府官员的任期对公共投资有显著的影响。在类似固定基础设施等具有短期增长效应的项目上，地方政府倾向于在关键的节点进行投资，如任期中的第三年；在教育等社会性的公共品投资上，倾向于在任期之初大力投资。Huang的研究发现，中央对地方政府官员的治理存在显性治理和隐性治理两个方面。显性治理体现为绩效考核，隐性治理则体现为（省级）地方政府官员的任期限制、异地交流，以及兼任中央委员、中央候补委员或者是兼任中央政治局委员等高层级的职务安排。Che et al通过构建委托-代理世代交叠模型，研究了地方政府官员对政治生涯的考量影响其执政表现的作用机理，研究表明，在外生给定的中央-地方分权程度下，地方官员将根据其对政治生涯的考量来规划职业生涯的活动安排，在做实事、造假账和权力寻租之间进行权衡取舍。

与俄罗斯等其他转型经济体相比，中国式分权在经济方面主要体现为财政分权。1949年以来，中国式分权治理模式在政治（组织结构）方面始终保持相对稳定，并没有发生大的变化。但在经济方面，中央政府和地方政府之间的财政分权程度却始终在不断地进行调整。因而，大量的研究文献主要围绕财政分权对经济增长的影响而展开。

一种观点认为，财政分权促进了经济增长。林毅夫和刘志强（2000）运用 1970—1993 年的数据研究发现，中国的财政分权对经济增长具有促进作用；Jin et al（2005）基于 1982—1992 年省际面板数据的实证研究发现，对省级政府的财政激励促进了市场发展；张晏和龚六堂（2005）研究发现，分税制改革之后财政分权对经济增长的作用显著为正，并且财政分权效应还存在跨时间和跨地区的差异；但有的学者提出了不同的看法，Zhang and Zou 基于 1978—1992 年的数据研究发现，财政分权化改革并没有显著地促进经济增长，可能的原因是分权导致中央政府对基础设施的投资有所下降。与研究财政分权的经济影响不同，还有一些研究主要探讨财政分权对地方政府激励的作用，如陈抗等（2002）通过一个中央政府与地方政府的博弈模型，研究了分税制改革导致的重新集权如何加剧了地方政府行为的转变，使得地方政府的角色从经济发展的"援助之手"转变为经济发展的"攫取之手"，进一步基于省际面板数据对其理论假说进行了经验验证。研究发现，分税制改革之后，随着财政集权程度的提高，尽管中央政府的财政收入在显著提高，但地方财政收入和总财政收入却明显减少，使得总投资和经济增长速度显著下降。与此同时，还存在一些研究，讨论了财政分权对城乡居民收入不平等的影响（储德银等，2017），以及财政分权对中国雾霾分布的影响（黄寿峰，2017）等。

在有关中国式分权治理模式研究方面，学者们主要围绕财政分权的影响因素进行研究，Panizza 研究发现，一个国家的地理面积、国民收入水平、种族多元性以及民主程度会对该国的财政分权程度产生显著的影响，这一结果也被 Arzaghi and Henderson 的研究所证实。另外，还有一些研究聚焦于有关的政治因素对财政分权程度的影响，如 Feld and

Savioz 比较了直接民主和代议制民主两种政治制度对财政分权程度的不同影响；Stegarescu 以经济合作与发展组织国家为研究对象讨论了政治一体化对财政分权程度的影响；在 Jametti and Joanis 看来，实行民选制度的国家，更大程度的财政分权总是与一个强大的中央政府相伴随。

与财政分权程度的决定研究不同，一些研究聚焦于财政分权对经济增长影响的其他外生因素，特别强调了经济发展水平和市场化进程对分权式治理模式作用于经济发展的调节效应。Davoodi and Zou（1998）研究发现，财政分权能够促进经济增长的经验证据多集中在发达经济体，财政分权不利于经济增长的经验证据则主要出现在发展中国家。也就是说，经济发展水平对财政分权的经济效应有重要影响；也许正如 Lessmann and Markwardt（2010）等的研究所表明的那样，依靠财政分权单一因素并不足以保障对地方官员的有效管理，地方政府官员发展经济的内在激励还依赖于是否具有良好运转的民主机制、独立的媒体、自由开放的地区贸易等因素；市场化方面，贾俊雪（2015）的研究认为，以财政分权为核心的经济分权是一个国家市场化改革的核心，而财政分权本身既是市场化改革的结果，也可能导致更高程度的市场化水平。

值得注意的是，一些研究文献对"政治集权与经济分权"相结合的中国式分权治理模式作用于经济增长的一般性提出疑问。Zhuravskaya 指出，有效发挥中国式分权治理模式的作用需要具备三个条件：一是应具有持续推动经济增长意愿的中央政府领导人或集体决策的委员会；二是要有较为完善的制度设计，以防范中央政府在地方经济发展后可能出现的侵蚀地方利益的冲动；三是"对上负责"的激励仅适用于单一的发展目标，例如经济增长。现实情况下，只有发展中国家才可能将促进经济增长作为地方政府唯一的任务目标。对于中上等收入水平的国家，地方政府是多任务、多目标的，因而在人均 GDP 较高的国家（地区），分权式治理模式的效果是有限的。

2.4 中国式分权治理模式对产业政策实施效果影响的初步研究

作为中国经济转型和发展的基本制度，中国式分权治理模式对地方政府的行为选择有重要的影响。产业政策作为政府实现经济发展目标的重要工具，其实施效果与中国式分权治理模式密切相关。

江小涓最早注意到中国式分权治理模式对产业政策实施的影响。她指出，假定产业政策本身是合理的，那么影响其实施效果的关键在于中央政府制定的产业政策能否被有效实施，而能否被有效实施又主要取决于地方政府落实产业政策的收益与成本的比较。只有当地方政府落实产业政策的收益大于其成本时，产业政策才能得到有效执行；若地方政府落实产业政策的收益小于其成本，那么地方政府的最优选择将是降低落实产业政策的努力投入，从而导致产业政策的预期目标无法实现；瞿宛文以中国汽车产业为例，研究了中国多层级的产业政策模式。她发现，在多层级的产业政策模式下，地方政府各行其是，进行政策实验，中央政府基于"赶超共识"形成的产业政策成效检验基准，对地方政府的政策实践择优选用。在她看来，中国产业政策的独特性正体现在地方政府在产业政策实施过程中所扮演的关键性角色。具体而言，为了实现中央政府的政策目标，地方政府在经济上享有先行先试的发展权，在财政上实行相对独立的财政体制，显著增强了地方政府通过产业政策促进地方经济发展的积极性。

本书研究的出发点是"研究特定经济体的制度对产业政策实施效果的影响"。与日本、韩国等经济体不同，中国的地方政府在产业政策实施过程中扮演了重要角色，并且因结合了中央与地方、地方与企业两组重要关系而更加复杂。在中国,中央政府负责产业政策的制定,地方政府负责产业政策的实施。借用钱颖一和许成钢(1993)提出的概念框架,中国的产业政策依赖于中央-地方形成的 M 型组织结构,而日本、韩国等国家制定和实施产业政策依赖于 U 型组织结构。进一步讲,不同的组织结构对行为主体产生了不同的激励,从而导致了不同的政策效果。

2.5 小　　结

本章通过对有关产业政策和中国式分权治理模式两个方面的文献进行梳理和分析表明:第一,从特定国家的制度出发研究产业政策的实施效果是未来产业政策研究的重要方面;第二,中国式分权治理模式作为中国经济发展和转型的基本制度,对中国经济产生了广泛和深远的影响。那么,将这两方面的研究启示相结合,自然地提出了一个问题:中国式分权治理模式对产业政策实施效果有何影响?尽管少量文献注意到分权式治理模式对产业政策实施的影响,但鲜有文献围绕中国式分权治理模式对产业政策实施效果的影响进行系统而规范的研究。

本书从地方政府落实产业政策面临的激励与约束出发,通过一个多任务委托-代理模型,研究了中国式分权治理模式对产业政策实施效果的影响。在理论层面,本书的研究有助于揭示新时期影响中国产业政策实施效果的深层次因素;在实践层面,能够为"产业政策应该怎么做"提供一定的理论参考。在这个意义上,本书所做的研究是对现有文献的重要补充。

第 3 章

中国式分权治理模式对产业政策实施效果影响的理论分析框架

20世纪90年代以来，中国在几乎所有的工业行业中均曾使用产业政策，以实现特定的产业发展目标，但其实施效果经常背离政府制定产业政策的初衷。给定发展中国家"实施产业政策具有现实合理性"的前提，产业政策的实施效果很大程度上与行为主体面临的激励与约束有关。中国式分权治理模式是中国经济转型和发展的基础制度，一方面，它将政治上的（相对）集权与经济上的（相对）分权相结合，为地方政府的行为选择提供了激励机制；另一方面，地区之间经济发展水平的差异和市场化改革进程的不同构成了地方政府行为选择的有效约束，两者共同决定了地方政府在落实产业政策、促进产业升级上的努力投入，进而导致不同地区之间差异化的产业政策效果。第2章通过对有关产业政策文献的梳理表明，"产业政策实施中的政治经济学"是未来产业政策研究的重要内容。因而，研究中国式分权治理模式对产业政策实施效果的影响在理论上顺应了产业政策研究的发展趋势，在经验上能够为中国产业政策的制定和实施提供一定的理论参考。

本章在 Holmstrom 和 Milgrom 的多任务-委托代理模型基础上，通过引入不同任务上的考核权重和财政分权变量，将政治集权与经济分权相结合的制度与产业政策的实施过程相结合，发展了一个"中国式分权治理模式影响产业政策实施效果"的理论分析框架；基于本章提出的理论分析框架,后续章节分别研究了中央政府考核内容的变化、中央政府与地方政府之间的财政分权程度对地方政府落实产业政策的努力投入,进而对产业政策实施效果的影响;并结合双重转型的现实背景,进一步讨论不同的经济发展阶段和市场化水平下,中国式分权治理模式对产业政策实施效果影响的差异。

3.1 理论模型

在现阶段的中国,中央政府制定一项产业政策,一般由地方政府负责实施,企业在产业政策的引导下进行生产决策。也就是说,中国产业政策的实施密切依赖于"中央政府—地方政府—企业"的三层组织架构。相比于东亚国家的"政府—企业"架构,在三层组织架构中,作为"传导中介"的地方政府在产业政策的实施中扮演了重要角色,在一定程度上决定了产业政策的成败。下文将从地方政府落实产业政策面临的激励与约束出发,尝试构建一个中国式分权治理模式影响产业政策实施效果的理论分析框架。

3.1.1 模型环境设定

1. 中央政府对地方政府的考核内容

在分权治理模式下,地方政府作为中央政府的"代理人",负责地区内的经济事务,并在经济事务方面拥有相对自主权。假定中央政府具有两项任务:任务一是促进产业结构转型升级;任务二是追求短期的经济增长。相应地,中央政府对地方政府的考核内容也分为两个部分,用模型表述如下:

$$M = m_1 x_1 + m_2 x_2 \quad (3-1)$$

其中，x_1 为地方政府将努力配置促进产业升级所实现的收益，x_2 为地方政府将努力投入促进经济增长所实现的收益，m_1、m_2 为中央政府在任务一和任务二上的考核权重，M 可以理解为地方政府官员的晋升机会，M 越大，地方政府官员的晋升可能性越大。可以看出，地方政府官员的晋升概率取决于地方政府在促进产业升级和追求短期经济增长两项任务上的综合产出。在微观层面，任务一表现为企业全要素生产率（TFP）的提高，任务二则表现为企业产值的增长。长期来看，企业 TFP 的提高有助于其产值的增加，但在短期内，如果企业将资本、劳动等生产要素投入技术创新等有助于 TFP 提高的活动之中，那么将减少在促进产值增加方面的要素投入。也就是说，短期内企业在促进产业升级和实现产值增加之间存在着替代关系，地方政府的努力配置需要根据中央政府在不同任务上的考核权重进行权衡。进一步，如果将地方政府在不同任务上的收益视为地方政府努力投入的函数，那么，两项任务之间的替代关系则表现为落实产业政策所投入努力的增加导致在短期经济增长方面努力投入的减少所损失的产出。考虑到任期限制，地方政府（官员）更为关注两项任务在短期内的冲突，而忽视了从长期来看存在的互补性。以钢铁行业为例，为了提高行业集中度和产能利用率，降低低端产品的库存，增加高端产品的产出，国务院多次发文要求各地整顿关闭高耗能、高污染、技术水平低的中小钢铁企业，但一些地方政府为确保短期内的经济增长速度，不但没有关闭不符合政策要求的企业，而且还不断新建中小钢铁厂，结果导致严重的产能过剩。

2. 地方政府努力投入的产出、成本和收益

尽管地方政府并非生产主体，但在这里，可以将地方政府努力投入的产出理解为地方政府将产业政策资源（如政府补贴、税收减免）配置在不同类型行业中（简单分为产业政策扶持的行业和没有扶持的行业）

实现的产出。假设地方政府在不同任务上的产出是其努力投入的线性函数，即

$$x_i = t_i + \varepsilon_i \quad i=1,2 \qquad (3-2)$$

t_1 为地方政府在促进产业升级方面的努力投入，t_2 为地方政府在追求短期经济增长方面的努力投入，ε_i 为随机变量，反映了"产出"的不确定性，并假定 $\varepsilon_i \sim N(0, \sigma_i^2)$，且 $\sigma_1^2 < \sigma_2^2$。

地方政府努力投入的成本为 $C(t_1, t_2)$，假定地方政府的努力投入是同质的，$C_i = \partial C / \partial t_i > 0$。理论上，给定中央政府在不同任务上的考核权重，地方政府的努力配置存在一个均衡点。在该均衡点上，地方政府在不同任务上的努力投入无差异。如果努力配置偏离均衡点，那么，地方政府在一项任务上努力投入的增加，将导致在另一项任务上努力投入的边际成本显著上升。

在本书中，假定地方政府的收益包括政治收益和经济收益两部分，若 W 为地方政府的收益、M 为其政治收益、N 为其经济收益，则

$$W = M + N \qquad (3-3)$$

现有关于地方政府行为的研究，一般将政治收益（晋升）的最大化作为地方政府（官员）行为选择的出发点。例如，章奇和刘明兴（2012）的研究表明，在地方政府官员的目标为实现政治收益最大化的假设下，由于历史原因所造成的政治权力结构以及不同地方政治精英在这一权力结构中所处的不同地位，决定了地方政治精英对发展民营经济的不同态度。在贾俊雪（2015）的研究中，同样将政治收益视为地方政府官员的核心利益。通过上文的分析，本书则将地方政府的政治收益概括为：以中央政府在不同任务上的考核权重为导向，追求政治晋升概率 M 的最大化。对于地方政府的经济收益，其具体包括两方面的内容：第一，在财政分权的制度安排下，地方政府具有通过追求经济增长来增加地方财政收入的内在激励；第二，地方政府官员也具备促进地区经济

增长的内在激励。

在式(3-3)中,地方政府的经济收益 N 与短期经济增长方面的产出 x_2、中央政府与地方政府的财政分权程度 δ 以及市场化水平 φ 密切相关。首先,无论是地方政府的财政收入、还是地方政府官员经济收益,都与 x_2 正相关。聂辉华和李金波(2006)的研究表明,为了促进地区经济增长,地方政府与企业可能通过政企合谋的方式来规避中央政府的监督和惩罚,在此过程中,地方政府通过寻租和腐败获取私人经济收益。其次,地方政府的经济收益还与财政分权程度正相关。中央政府与地方政府之间的财政分权程度 δ 越高,地方政府财政收入在总收入中所占的比例越高,即相同的经济产出下,地区的经济收益越高。最后,地方政府的经济收益特别是私人经济收益与市场化水平 φ 负相关。吴一平和芮萌(2010)的研究发现,腐败程度与经济增长之间呈现倒 U 形关系,腐败对经济增长的影响与地区的市场化水平密切相关。市场化水平通常由市场化指数来衡量,而市场化指数包含政府与市场的关系、非国有经济的发展、产品市场的发育程度、要素市场的发育程度以及市场中介组织发育和法律制度环境等几个方面。市场化指数越高,表明该地区的市场运行较为规范、保障市场机制有效发挥的法律法规较为完善、中介组织也较为健全。在这些地区,地方政府官员在促进经济增长过程中的腐败和寻租行为可能较少,企业运行和产业发展的交易成本则较低。综上所述,地方政府的经济收益可以表述为

$$N = \frac{\delta}{\varphi} x_2 \qquad (3-4)$$

将式(3-1)和式(3-4)代入式(3-3),得到地方政府的收益,也就是中央政府对地方政府的"激励报酬":

$$W(x) = m_1 x_1 + \left(m_2 + \frac{\delta}{\varphi}\right) x_2 \qquad (3-5)$$

由式(3-5)可以看出,地方政府的收益与地方政府在不同任务上努力

投入的产出 x_1、x_2，中央政府对地方政府在不同任务上的考核权重 m_1、m_2，中央政府与地方政府之间的财政分权程度 δ，以及市场化水平 φ 有关。

地方政府的收益集中体现了中国式分权治理模式：一方面，政治上的相对集权使得地方政府官员"对上负责"，相应地，在中央政府的考核中居于前列的地方政府，其主要官员的晋升机会则显著提升，即式(3-3)中的 M 增大；另一方面，经济上的相对分权增强了地方政府追求经济收益的内在激励，在式(3-3)中，体现为 N 的增加。从式(3-3)可以看出，当 M 和 N 的变动方向一致时，地方政府较为容易实现其收益的最大化。例如，在重视 GDP 增长的考核目标下，经济增长速度的提高显著增加了地方政府主要官员的晋升概率；同时，在分税制体制下，经济增长速度的提高也将显著提升地方政府的经济收益。也就是说，以 GDP 增长为考核目标的制度设计满足了中央政府与地方政府之间的激励相容。如果 M 和 N 的变动方向不一致，特别是当中央政府偏重通过制定和实施产业政策来促进产业结构的转型升级时，地方政府将面临在经济收益和政治收益上的权衡取舍。进一步，如果中央政府通过强化纪律监督有效约束了官员的在职消费，通过加大反腐败的力度最大程度上减少地方政府官员在促进经济增长过程中的寻租和腐败行为，那么地方政府追求经济收益的激励则会显著下降。在此情形下，地方政府行为选择的主要激励便是其获得政治晋升的概率。

3.1.2 地方政府的行为选择

1. 地方政府的效用函数

借鉴 Holmstrom 和 Milgrom 的做法，假设地方政府为风险规避型，其效用函数服从指数分布[①]，即

---

① 相比于线性函数，指数分布考虑了行为主体的风险偏好性质。

$$U = E(-e^{-r[w(x)-c(t)]}) \qquad (3-6)$$

r 为绝对风险厌恶系数。

将式(3-5)代入式(3-6)并线性化,得到地方政府的"确定性等价报酬"(Certainty Equivalent, CE):

$$CE = m_1 t_1 + \left(m_2 + \frac{\delta}{\varphi}\right) t_2 - C(t_1, t_2) - \frac{r}{2} \Big[m_1^2 \sigma_1^2 + 2 m_1 \left(m_2 + \frac{\delta}{\varphi}\right) \sigma_{21} + \left(m_2 + \frac{\delta}{\varphi}\right)^2 \sigma_2^2 \Big] \qquad (3-7)$$

进一步,假定地方政府在两项任务上的产出分布相互独立,$\sigma_{12} = \sigma_{21} = 0$;地方政府的成本函数为二次函数形式,$C(t_1, t_2) = \frac{1}{2} c_1 t_1^2 + \frac{1}{2} c_2 t_2^2 + \theta t_1 t_2$,其中,$c_1$ 为促进产业升级努力投入的边际成本,c_2 为追求短期经济增长努力投入的边际成本,θ 为提高一项任务上努力增加的在另一项任务上努力的边际成本,反映了不同任务之间的努力替代效应,并且满足 $0 \leq \theta < \sqrt{c_1 c_2}$,且 $c_2 < \theta < c_1$。

当 $\theta = \sqrt{c_1 c_2}$ 时,两项任务之间的关系为"可完美替代"。此时,地方政府仅仅执行单一(成本较低)任务。$c_1 > c_2$ 意味着一个经济体将同样的努力水平投入追求短期经济增长的任务中相比于投入促进产业升级任务中能实现更高的产出。对于短期经济增长而言,企业依靠生产要素投入的增加即可实现更高的产出,在宏观层面,体现为粗放的经济增长模式;而对于产业升级,则需要企业通过自主研发以提升其全要素生产率;可以看到,无论采用何种方式来提升企业的全要素生产率,促进产业升级都比通过要素投入的增加以实现短期经济增长更为艰难。$c_1 > \theta > c_2$ 表明,相同的努力投入短期经济增长的边际收益大于投入产业升级的边际收益。θ 与经济体的经济发展水平、产业结构等因素密切相关,在不同的经济体以及同一经济体的不同发展阶段,两项任务上的努力替

代效应 θ 均存在显著差异。

值得注意的是,努力替代效应 θ 的存在是多任务委托-代理模型区别于单任务委托-代理模型的主要特征。如果两项任务之间的努力替代效应 $\theta=0$,那么多任务委托-代理模型将等价于单任务委托-代理模型。在 Holmstrom 和 Milgrom 的多任务委托-代理模型基础上,本书进一步假定代理人具有独立于中央政府激励的额外收益。在此假定下,地方政府的行为选择不但与中央政府在不同任务上的激励有关,还取决于地方政府的收益(包括政治收益和经济收益)与中央政府任务目标之间的相容程度。

2. 地方政府在不同任务上努力水平的配置

基于上文设定的场景,地方政府效用最大化下的努力投入可以表示为

$$\underset{t_i}{\operatorname{Max}}\left[m_1 t_1 + \left(m_2 + \frac{\delta}{\varphi}\right) t_2 - \frac{1}{2} c_1 t_1^2 - \frac{1}{2} c_2 t_2^2 - \theta t_1 t_2 - \frac{r}{2} m_1^2 \sigma_1^2 - \frac{r}{2} \left(m_2 + \frac{\delta}{\varphi}\right)^2 \sigma_2^2\right] \quad (3-8)$$

对式(3-8)中的 t_1、t_2 求导,一阶条件为

$$\begin{aligned} m_1 &= c_1 t_1 + \theta t_2 \\ m_2 + \frac{\delta}{\varphi} &= c_2 t_2 + \theta t_1 \end{aligned} \quad (3-9)$$

从式(3-9)可以看出,地方政府在一项任务上努力投入的边际成本与中央政府对另一项任务的激励有关。随着中央政府强化对另一项任务上努力投入的激励,地方政府在这项任务上努力投入的边际成本则显著上升。式(3-9)同时也表明,地方政府的努力水平在两项任务上的最优配置应满足在不同任务上努力投入的边际收益等于其边际成本。

求解式(3-9),得到地方政府在两项任务上的最优努力投入水平:

$$t_1^* = \frac{m_1 c_2 - \left(m_2 + \dfrac{\delta}{\varphi}\right)\theta}{c_1 c_2 - \theta^2}$$

$$t_2^* = \frac{\left(m_2 + \dfrac{\delta}{\varphi}\right)c_1 - m_1 \theta}{c_1 c_2 - \theta^2} \tag{3-10}$$

由式(3-10)可以得到：地方政府在不同任务上的最优努力投入水平与中央政府的激励 W，中央政府与地方政府之间的财政分权程度 δ，不同任务上努力投入的边际成本 c_1、c_2，市场化水平 φ 以及两项任务之间的努力替代效应 θ 有关。

进一步，当地方政府在两项任务上平均分配努力投入，即 $t_1^* = t_2^*$ 时，可以得到：

$$\frac{m_1}{c_1 + \theta} = \frac{m_2 + \dfrac{\delta}{\varphi}}{c_2 + \theta} \tag{3-11}$$

其中，$\dfrac{m_1}{c_1 + \theta}$、$\dfrac{m_2 + \dfrac{\delta}{\varphi}}{c_2 + \theta}$ 可以理解为地方政府在不同任务上努力投入的"价格"。也就是说，如果要使地方政府在不同任务上平均分配努力投入，在政策设计上，需要满足地方政府的努力投入在不同任务上的"价格"相等。由于地方政府具有追求经济收益的内在激励，地方政府的行为选择较为倾向追求短期经济增长。就此而言，要适度降低地方政府在促进短期经济增长方面的努力投入，则需要中央政府进一步增加对地方政府在实现产业升级方面的考核权重。

3.1.3 考核内容的变化对产业政策实施效果的影响

2003年10月，党的十六届三中全会明确提出，要"坚持人为本，树立全面、协调、可持续的发展观"。随后，中央政府的经济发展目标相应地发生了变化,中央政府对地方政府的考核内容也随之改变。2003年之前,中央政府对地方政府的考核内容偏重经济增长速度;2003年及以后中央政府对地方政府的考核内容从强调短期经济增长速度逐渐向重视产业结构转型升级转变,体现为产业升级考核权重的提高和短期经济增长考核权重的降低,在式(3-10)中,即为 m_1 的增加、m_2 的减小。

将地方政府在两项任务上的最优努力投入 t_1^*、t_2^* 对不同任务上的激励 m_1、m_2 求一阶偏导数,可以得到:

$$\frac{\partial t_1^*}{\partial m_1}=\frac{c_2}{c_1c_2-\theta^2}>0, \quad \frac{\partial t_1^*}{\partial m_2}=-\frac{\theta}{c_1c_2-\theta^2}<0$$
$$\frac{\partial t_2^*}{\partial m_1}=-\frac{\theta}{c_1c_2-\theta^2}<0, \quad \frac{\partial t_2^*}{\partial m_2}=\frac{c_1}{c_1c_2-\theta^2}>0 \quad (3-12)$$

由式(3-12)可知,地方政府的努力配置水平与中央政府对地方政府在不同任务上的考核权重有关。地方政府在促进产业升级方面的努力投入与中央政府对产业升级的激励正相关、与中央政府对短期经济增长的激励负相关;类似地,地方政府在追求短期经济增长方面的努力投入与中央政府对产业升级的激励负相关,而与中央政府对短期经济增长的激励正相关。在 $x_i=t_i+\varepsilon_i$ 的假定下,地方政府在促进产业升级方面努力投入的增加等价于产业政策实施效果的优化,由此可以得到命题1。

命题1:中央政府对地方政府的考核内容由"偏增长"向"重转型"的转变,在增强地方政府落实产业政策既定目标的同时,将会弱化地方政府将过多政策资源用于追求短期经济增长的激励。

3.1.4 财政分权对产业政策实施效果的影响

中华人民共和国成立以来,中央政府与地方政府之间的财政关系始终处于变动和调适的状态之中,总体上经历了集权—分权—再集权的演变路径。

在模型中，研究中央政府与地方政府之间的财政分权程度对产业政策实施效果的影响，实质上是对地方政府在不同任务上的最优努力投入进行比较静态分析，在式(3-10)中，将促进产业升级的最优努力投入t_1^*对财政分权程度δ求导：

$$\frac{\partial t_1^*}{\partial \delta} = -\frac{\theta}{\varphi(c_1 c_2 - \theta^2)} \quad (3-13)$$

由上文$0 \leqslant \theta < \sqrt{c_1 c_2}$、$c_2 < \theta < c_1$可知：

$$\frac{\partial t_1^*}{\partial \delta} < 0 \quad (3-14)$$

因而，随着财政分权程度的提高，地方政府在落实产业政策方面的最优努力投入在减少，即财政分权程度的提高抑制了产业政策对企业TFP的促进作用。由此得到命题2。

命题2：财政分权程度的提高降低了地方政府在促进产业升级方面的努力投入，进而弱化了产业政策对企业TFP的促进作用。

在中国式分权治理模式的制度背景下，本书将中央政府考核内容的变化对产业政策实施效果产生的影响称为政治激励效应，财政分权对产业政策实施效果产生的影响称为经济分权效应。图3-1展示了中央政府考核内容的变化、中央政府与地方政府之间的财政分权程度对产业政策实施效果的影响。上述理论分析表明，政治激励效应为正，经济分权效应为负。也就是说，在产业政策实施过程中，中国式分权治理模式下的政治激励效应和经济分权效应存在着潜在的冲突，始终影响着产业政策预期目标的实现，进而对中国经济的转型和发展产生了深远影响。

已有研究文献表明，中国式分权治理模式为中国经济的持续快速增长奠定了制度基础。以钱颖一、温加斯特等为代表的经济学家从组织经济学的视角出发，提出了市场保护型的财政联邦主义理

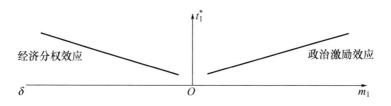

图 3-1 财政分权程度对产业政策实施效果的影响

论。他们认为,财政分权化改革强化了地方政府的财政激励,促使地方政府采取促进和保护市场的措施,进而推动了经济的发展。与此同时,林毅夫和刘志强(2000)、乔宝云(2002)、Qiao et al.(2008)、Jin et al.(2005)基于不同样本数据的经验研究表明,财政分权化改革导致的地区间竞争是中国经济快速增长的重要原因。但一些研究发现,因财政分权而产生的竞争也导致了地区之间的市场分割和地方保护主义,阻碍了产品市场的一体化和生产要素的自由流动。Young(2000)等的实证研究表明,中国的财政分权实际上导致了不断的市场分割,总体而言并不利于国内统一市场的形成和增长效率的改善。陈抗等(2002)的研究认为,中国的财政分权(尤其是1994年的分税制)使地方政府从"援助之手"变为"掠夺之手"。平新乔和白洁(2006)研究了预算外收入和预算外支出对地方政府行为的影响,研究发现,预算外收入扩大了地方政府的规模,而预算外支出则导致了资金的配置效率进一步恶化。

本书基于一个统一的理论分析框架,为理解中国式分权治理模式对地方政府落实不同任务目标的影响提供了新的思路。通过上述分析可以看到,由于地方政府具有追求经济收益的内在激励,财政分权程度的提高使得地方政府追求经济增长的激励进一步增强。当中央政府的任务目标为短期经济增长时,中央政府与地方政府之间实现了激励相容,从而极大地增强了地方政府发展经济的积极性;当中央政府的任务目标为产业结构转型升级时,中央政府的发展目标与地方政府的利益诉求之间存在着潜在的冲突，使得地方政府的行为选择偏离了中央政府的预期政策目标。对于中央政府而言，其可行的做法是：降低地方政府通过促进短期经济增长来获取私人经济收益的可能性，即对于促进产业结构转型升级较为成功的地区，其主政官员的晋升概率应更大。

3.2 引入双重转型背景的进一步讨论

3.2.1 双重转型的背景：发展转型与体制转型

中国作为一个发展中的转型经济体，从传统农业社会向工业社会的发展转型和从计划经济体制向市场经济体制的体制转型是改革开放以来中国经济的显著特征，也是中国迈向高收入经济体面临的主要挑战。一方面，中国是一个区域发展不均衡的国家，地区之间的发展差异较大，东部、中部和西部地区分别处于不同的经济发展水平；另一方面，不同地区的市场化进程快慢有别，以王小鲁等（2017）编制的市场化指数为例，2014年，市场化指数排名前5位的省市依次为：浙江、上海、江苏、广东和天津，其市场化指数分别为9.78、9.77、9.63、9.35、9.17；排名后5位的省份依次为：西藏、青海、新疆、甘肃和贵州，其市场化指数分别为0.62、2.53、3.49、4.04、4.85。由此可见市场化水平在地区之间的巨大差异。

上文的分析表明，中央政府的考核内容由"偏增长"向"重转型"的变化，能够优化产业政策的实施效果；中央政府与地方政府之间的财政分权程度对产业政策实施效果则存在负面影响。也就是说，中国式分权治理模式的不同方面对产业政策实施效果的影响存在着潜在的冲突。进一步，引入双重转型的现实背景，即随着经济体经济发展水平的提高和市场化改革的推进，中国式分权治理模式的不同方面对产业政策实施效果的潜在冲突能否得到缓解，进而使中国式分权治理模式对产业政策实施效果的作用在整体上呈现出正向效应。这将是下文研究的主要问题。

一般情形下，在不同的经济发展水平，两项任务之间的努力替代效应存在显著差异，使得地方政府在促进产业升级上的努力投入有显著差别。市场化水平体现了不同地区的市场化改革进程，一定程度上衡量了地区的制度质量。市场化水平的提高有助于减少产业政策实施过程中可能存在的权力寻租和腐败行为，弱化了地方政府追求短期经济增长的内在激励。由式(3-10)可知，地方政府在不同任务上的努力投入水平与中央政府的激励 W、中央政府与地方政府之间的财政分权程度 δ、不同任务上努力投入的边际成本 c_1 和 c_2、市场化水平 φ 以及两项任务之间的努力替代效应 θ 有关。下文将从两个方面对模型展开进一步的讨论：第一，通过内生化两项任务之间的努力替代效应 θ，研究不同的经济发展水平下，中国式分权治理模式对地方政府在促进产业升级上的努力投入，进而对产业政策实施效果的影响；第二，从地方政府具有追求经济收益的内在激励假定出发，分析不同的市场化水平下，中国式分权治理模式对地方政府在两项任务之间配置努力水平的影响。

3.2.2 经济发展水平的影响

理论上，优化产业政策的实施效果需要中央政府在提高产业升级考核权重的同时，降低地方政府追求短期经济增长的内在激励，甚至取消对短期经济增长的考核要求。问题在于，降低经济增长率可能会影响地区的就业率和社会的和谐稳定。如果中央政府扶持的产业并不是地区的支柱产业，那么地方政府在促进产业升级方面的努力投入与追求短期经济增长方面的努力投入彼此独立，则两项任务之间不存在

"努力替代效应"。在此情形下，中央政府强化对促进产业升级努力投入的激励则不会影响地区的短期经济增长，增加追求短期经济增长的努力投入也不会削弱地方政府落实产业政策、促进产业升级的积极性。在这个意义上，产业发展的多元化能够通过降低不同任务之间的努力替代效应而对地方政府在不同任务上的努力配置水平产生重要影响。

研究表明，随着经济发展水平的提高，经济体中产业的产出和就业开始呈现出更少的集中和更多的分散。也就是说，人均GDP较高的地区，经济增长对单一产业或单一企业的依赖性较弱，针对特定产业的产业政策导致的短期经济增长下滑和失业率的上升可以由其他产业的发展予以弥补；人均GDP较低的地区，产业多元化不足、产业结构较为单一，某一特定产业或企业往往是该地区经济的支柱，贡献了地区经济总量和财政收入的较大份额，并且直接或间接地解决了较大比例的城镇人口就业。以辽宁省的鞍山市为例，2012年，以鞍钢集团为主的"钢铁及深加工"产业增加值占规模以上工业增加值的比重高达39.5%。在这些产业结构单一、经济发展水平不高的地区，产业政策的实施在短期内可能导致经济增速的下滑，由于其他产业发展相对滞后，劳动力流动受限，短期内的失业率则会明显上升。因而可以认为，在人均GDP较高的地区，不同任务之间的努力替代效应较低；在人均GDP较低的地区，不同任务之间的努力替代效应较高。

由式(3-12)、式(3-13)可得：如果将 c_1、c_2 和 φ 视为外生给定，则随着 θ 的增大，$\frac{\partial t_1^*}{\partial m_1}$ 在增大，$\frac{\partial t_1^*}{\partial \delta}$ 在减小；随着 θ 的减小，$\frac{\partial t_1^*}{\partial m_1}$ 在减小，而 $\frac{\partial t_1^*}{\partial \delta}$ 在增大。也就是说，人均GDP越低的地区，两项任务之间的努力替代效应越高，中央政府考核内容的变化所产生的激励效应也随之增大；但中央政府与地方政府之间的财政分权程度对落实产业政策、促进产业升级努力投入的抑制作用也在增大。相反，人均GDP

越高的地区，两项任务之间的努力替代效应越低，中央政府考核内容的变化所产生的激励效应随之减小，财政分权程度对地方政府在落实产业政策、促进产业升级任务上努力投入的抑制作用也在减小，由此得到命题3。

命题3：人均GDP的提高弱化了中央政府对促进产业升级方面努力投入的激励，但也降低了财政分权程度对地方政府落实产业政策努力投入的负向影响。

在传导机制上，一方面，努力替代效应的减小，降低了地方政府在促进产业升级上努力投入的边际成本，增强了中央政府考核内容的变化对产业政策实施效果的正向影响；但另一方面，努力替代效应的减小，也弱化了地方政府追求经济收益的内在激励，削弱了中央政府与地方政府之间的财政分权程度对产业政策实施效果的负向影响。中国式分权治理模式对产业政策实施效果影响的外生决定如图3-2所示。

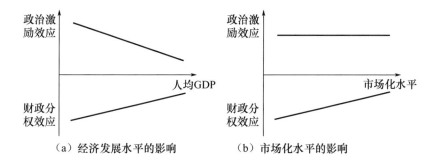

图3-2　中国式分权治理模式对产业政策实施效果影响的外生决定

3.2.3　市场化进程的影响

如果将经济发展水平视为决定不同任务之间努力替代效应的重要因素，那么市场化水平的高低则通过影响地方政府追求私人经济收益的内在激励而对产业政策实施效果产生影响。市场化是指从计划经济向市场经济过渡的体制改革，涉及一系列经济、社会、法律乃至政治体制的变革，通常包含六个方面的内容：政府与市场的关系、非公有制经济的发展、产品市场的发育、要素市场的发育、市场中介组织发育和法律制度环境。一般情形下，一个经济体的市场化水平较高，则该经济体将拥有更优越的制度，市场交易也更为规范。相应地，经济活动中的腐败和权力寻租行为较少，进而有助于降低地方政府在促进短期经济增长中谋求私人经济收益的潜在机会。

由式(3-12)、式(3-13)可得：$\frac{\partial t_1^*}{\partial m_1}$ 与 φ 无关，而随着 φ 的增大，$\frac{\partial t_1^*}{\partial \delta}$ 在增加。也就是说，中央政府考核内容的变化对产业政策实施效果的正向影响并不随市场化水平的改变而发生变化；但随着市场化水平的提高，中央政府与地方政府之间的财政分权程度对产业政策实施效果的负向影响则有所降低，如图3-2(b)所示。综上所述，市场化水平的提高，能够弱化中央政府考核内容的变化对产业政策实施效果的正向影响与财政分权程度对产业政策实施效果负向影响之间的内在冲突，进而有助于增加地方政府在促进产业升级方面的努力投入，优化产业政策的实施效果，由此得到命题4。

命题4：市场化水平的提高降低了中央政府与地方政府之间财政分权程度对产业政策实施效果的负向影响，但不改变中央政府考核内容的变化对产业政策实施效果的正向作用，进而在总体上，增强了中国式分权治理模式对产业政策实施效果的正向效应。

理论上，不同的市场化水平下，中国式分权治理模式对产业政策实施效果的影响差异主要源于以下两个因素。

第一,市场化水平的提高,有助于减少地方政府在产业政策实施过程中的腐败和权力寻租行为。在市场化水平较高的地区,与市场交易相关的法律法规较为完善、市场中介组织发育较为完备、市场分配资源的比重较高、地方政府对企业的不当干预较少,因而地方政府的腐败和权力寻租行为将面临更强的约束。

第二,市场化水平的提高增强了市场的竞争程度,从而有助于产业政策预期目标的实现。关于产业政策的文献强调了产业政策与市场竞争的兼容性,如 Aghion et al.(2015)的研究表明,针对特定产业实施的产业政策,产业的竞争程度越强,产业政策对企业 TFP 的正向作用就越显著。因而可以认为,一定程度上,给定发展中国家"实施产业政策具有现实合理性"前提,市场化水平的提升能够优化产业政策的实施效果。

3.3 本章小结

基于 Holmstrom 和 Milgrom 的多任务委托-代理模型,本章搭建了一个中国式分权治理模式影响产业政策实施效果的理论分析框架,研究了中央政府考核内容的变化、中央政府与地方政府之间的财政分权程度对地方政府在不同任务上的努力投入,进而对产业政策实施效果的影响。

研究表明,在中国式分权治理模式的体制下,地方政府在促进产业升级上的努力投入与中央政府对该项任务的考核权重正相关,与中央政府与地方政府之间的财政分权程度负相关。也就是说,在产业政策实施过程中,中国式分权治理模式下的政治激励效应和经济分权效应构成了一对基本矛盾,始终影响着产业政策预期目标的实现,进而对中国经济的发展和转型产生了深远影响。进一步，结合双重转型的现实背景，从地方政府追求经济收益的假定从发，通过将不同任务之间的努力替代效应内生化，研究了不同的经济发展水平和市场化进程下，中国式分权治理模式对地方政府在不同任务之间的努力配置，进而对产业政策实施效果的影响差异。研究发现，经济发展水平的提高，无法从根本上解决中国式分权治理模式与地方政府行为目标之间的内在冲突；而市场化改革的推进，则有助于增强中国式分权治理模式对产业政策实施效果的正向效应。

第 4 章

中国式分权治理模式的特征及其对产业政策影响的典型事实

改革开放以来，中国经济持续高速增长，创造了举世瞩目的"中国奇迹"，吸引了越来越多的经济学家探究其背后的原因。其中，基于中国式分权治理模式，由地方政府晋升激励驱动的地区之间的竞争被认为是中国崛起的重要因素之一。事实上，这种机制的有效发挥需要一定的条件：当中央政府将"短期经济增长"作为发展目标的时候，在中国式分权治理模式下，地方政府官员的晋升激励与地区经济发展相联系，满足了中央政府与地方政府之间的激励相容，实现了中国经济的持续快速增长。但同时，以经济增长为考核目标的机制使得地方政府忽视了其他发展目标。以产业政策为例，中国式分权治理模式在一些条件下导致了产业政策的效果偏离政策制定的初衷。下文将围绕中国式分权治理模式的特征及其对产业政策影响的典型事实进行梳理，以增进对中国式分权治理模式影响产业政策实施效果的理解。

4.1 中国式分权治理模式的特征

在中国式分权治理模式下，政治上的相对集权主要体现为中央政府掌控着地方政府（省级）党政主要领导的升迁和调动。中央政府考核内容以及在不同任务上的考核权重对地方政府的行为选择有着重要的影响；经济上的相对分权则体现为地方政府在促进经济发展方面的自主性。同时在财政上，分设的税收征管机构（地方税务局）和同级人大对预算支出的审议，保障了地方政府在财政收入和财政支出方面的相对独立性。改革开放以来，尽管在行政组织架构上，中央政府与地方政府之间的分权治理格局相对保持稳定，但在具体的考核内容和财政分权程度上，却存在着时序上的变化和地区间的显著差异。

4.1.1 政治集权下的考核内容变化

1987年10月，中国共产党第十三次全国代表大会提出了中国经济建设的"三步走"总体战略部署，其中第二步目标为：1991年到20世纪末国内生产总值在1990年的基础上再增长一倍，人民生活达到小康水平。因而，为了实现20世纪末国内生产总值翻两番的奋斗目标，各级政府致力于通过招商引资和固定资产投资推动经济的快速增长。中国共产党第十六次全国代表大会以来，党中央立足社会主义初级阶段基本国情，总结中国发展实践，借鉴国外发展经验，适应中国发展要求，提出了科学发展观这一重大战略思想。因发展战略的转变，贯彻落实科学发展观成为中国经济社会发展的主要指导思想，也成为中央政府对地方政府绩效考核的出发点和归宿。

随着国家发展战略的变化和干部考核的科学化、规范化，中央政府对地方政府官员的考核评价体系也相应地发生了变化。下文我们以中央政府制定的五年规划为例对此进行简要说明。2001年3月，第九届全国人民代表大会第四次会议通过了《中华人民共和国国民经济和社会发展第十个五年计划纲要》（以下简称"十五"计划），2006年3月，第十届全国人民代表大会第四次会议审议通过了《中华人民共和国国民经济和社会发展第十一个五年规划纲要》（以下简称"十一五"规划）。可以发现，"十一五"规划是科学发展观提出之后的第一个五年规划，本书通过比较"十五"计划和"十一五"规划时期经济社会发展的主要指标来反映科学发展观提出前后中央政府发展目标的差异以及中央政府对地方政府考核内容的变化情况，"十五"时期经济社会发展的主要指标和"十一五"时期经济社会发展的主要指标见表4-1和表4-2。

表4-1 "十五"时期经济社会发展的主要指标①

指标（单位）	计划目标	实际年均增长
国内生产总值年均增长（%）	7	9.5
五年城镇新增就业（万人）	[4000]	[4200]
五年转移农业劳动力（万人）	[4000]	[4000]
城镇登记失业率（%）	5	
价格总水平	基本稳定	1.4
货物进出口总额（亿美元）	6800	24.6
研究与发展支出占GDP比重（%）	1.5	
高等教育毛入学率（%）	15	
高中阶段教育毛入学率（%）	60	
初中毛入学率（%）	90	
全国总人口（万人）	133000	6.3‰
主要污染物排放总量减少（%）	[10]	＜[10]
城镇居民人均可支配收入年均增长（%）	5	9.6
农村居民人均纯收入年均增长（%）	5	5.3
城镇居民人均住宅建筑面积（平方米）	22	5.1

注：带[ ]的为五年累计数。

---

① 来源于《中华人民共和国国民经济与社会发展第十个五年计划纲要》。

表4-2 "十一五"时期经济社会发展的主要指标[①]

类别	指标	2005年	2010年	年均增长（％）	属性
经济增长	国内生产总值（万亿元）	18.2	26.1	7.5	预期性
	人均国内生产总值（元）	13985	19270	6.6	预期性
经济结构	服务业增加值比重（％）	40.3	43.3	[3]	预期性
	服务业就业比重（％）	31.3	35.3	[4]	预期性
	研究与发展支出占GDP比重（％）	1.3	2	[0.7]	预期性
	城镇化率（％）	43	47	[4]	预期性
人口资源环境	全国总人口（万人）	130756	136000	<8‰	约束性
	单位GDP能源消耗降低（％）			[20]	约束性
	单位工业增加值用水量降低（％）			[30]	约束性
	农业灌溉用水有效利用系数	0.45	0.5	[0.05]	预期性
	工业固体废物综合利用率（％）	55.8	60	[4.2]	预期性
	耕地保有量（亿公顷）	1.22	1.2	−0.3	约束性
	主要污染物排放总量减少（％）			[10]	约束性
	森林覆盖率（％）	18.2	20	[1.8]	约束性
公共服务人民生活	国民平均受教育年限（年）	8.5	9	[0.5]	预期性
	城镇基本养老保险覆盖人数（亿人）	1.74	2.23	5.1	约束性
	新型农村合作医疗覆盖率（％）	23.5	>80	>[56.5]	约束性
	五年城镇新增就业（万人）			[4500]	预期性
	五年转移农业劳动力（万人）			[4500]	预期性
	城镇登记失业率（％）	4.2	5		预期性
	城镇居民人均可支配收入（元）	10493	13390	5	预期性
	农村居民人均纯收入（元）	3255	4150	5	预期性

注：国内生产总值和城乡居民收入为按2005年价格计算；带[ ]的为五年累计数；主要污染物指二氧化硫和化学需氧量。

由表4-1、表4-2可以看出，"十五"计划中的经济社会发展指标与"十一五"规划中的经济社会发展指标相比，主要差异如下所述。

---

① 来源于《中华人民共和国国民经济与社会发展第十一个五年规划纲要》。

第一,"十一五"规划将量化指标分为预期性指标和约束性指标两类。预期性指标是国家期望的发展目标,主要依靠市场主体的自主行为实现。一般情形下,对于预期性指标,政府重点通过创造良好的宏观环境、制度环境和市场环境,并适时调整宏观调控方向和力度,综合运用各种政策以引导社会资源配置;约束性指标是在预期性指标基础上进一步明确并强化了政府责任的指标,是中央政府在公共服务和涉及公众利益领域对地方政府和中央政府有关部门提出的工作要求。对于约束性指标,政府需要通过合理配置公共资源和有效运用行政力量来确保实现。因而,通过设立预期性指标和约束性指标,将政府的公共服务责任和促进经济发展的制度环境建设职能、宏观调控职能相区分,能够体现经济发展的长远目标和人民群众的根本利益。

第二,"十一五"规划强化了经济结构转变和人口资源环境方面的发展要求。例如,增加了服务业增加值比重、服务业就业比重、城镇化率、单位GDP能源消耗、单位工业增加值用水量等发展指标。

第三,调整了部分发展指标的权重。其中研究与发展支出占国内生产总值的比例从"十五"计划中的1.5%提升为"十一五"规划中的2%;将主要污染物排放总量减少设定为约束性指标;尽管经济发展增速由7%提高为7.5%,但由于增加了考核内容,经济增长速度的权重实际上有所降低。

随着中央政府发展目标的变化,中央政府对地方政府的考核内容也发生了相应的改变,具体体现为增加了促进产业升级的考核权重,并弱化了地方政府追求短期经济增长的激励。正如叶贵仁(2011)的研究所表明的那样,总体而言,我国地方政府领导干部的考核制度大致经历了三个发展阶段:1949—1976年为第一阶段,以政治忠诚为考核导向;1976—2001年为第二阶段,将促进地方经济发展的能力作为对领导干部考核的主要依据,也就是所谓的GDP导向;2002年至今为第三阶段，强调科学发展观指导下的可持续发展能力。

4.1.2 财政分权的时空差异

改革开放以来，中央政府与地方政府之间的财政关系经历了两次较大程度的调整：第一次是1979年的"财政包干制"；第二次是1994年实施的"分税制"财政体制改革。

在"财政包干制"的体制下，中央政府每年核定当年地方政府的财政收入上交任务和财政支出，不同地区根据其收支情况设定不同的财政收支目标。对于财政收入大于财政支出的省份，将包干部分上交中央财政；对于财政收入小于财政支出的省份，中央政府按差额进行补贴。相应地，地方超收或支出结余归地方政府支配，完不成收入任务或支出超额也由地方政府自己平衡，中央将不再负责。"财政包干制"最初的目的是通过给予地方政府经济上的相对自主权，调动地方政府发展经济的积极性，进而促进地区的经济发展。但在实施过程中，由于中央政府并不掌握关于地方政府税基和税收努力的充分信息，也无法有效监督地方政府的经济运行，催生了地方政府隐藏税源、降低税收努力的行为，导致中央政府的财政收入逐年下降。

为了提高财政收入比重，中央政府于1994年启动并实施了"分税制"财政体制改革。改革的核心内容是将税收分为中央税、地方税和共享税，分别由国税局和地税局负责征收。分税制的实施，提高了中央政府财政收入的比重，但没有调整中央政府与地方政府之间的财政支出任务，使得地方政府的财权与事权不匹配，结果导致一些地方政府，特别是中西部基层政府的财政压力日益沉重，诱使地方政府一方面通过增加预算外收入来缓解财政困境，另一方面通过不断追求GDP的增长来扩大税源，以提高财政收入。分税制改革后形成的中央政府与地方政府之间的财政关系也成为一些学者提出的"保护市场型财政联邦制"的主要事实依据。1994年至今,虽然财政分权体制并未发生大的变化,但在具体的财政分权程度上,则存在着显著的时空差异。

在时序上,图4-1、图4-2反映了1995—2013年中央政府与地方政府之间财政分权程度的变化。其中,财政分权分别采用收入法、支出法和财政自主度法进行衡量。基于收入法的计算方法为:将同一年所有地方政府视为一个整体,测算地方政府财政收入占中央政府和地方政府财政总收入的比重;基于支出法的计算方法为:地方政府财政支出占中央政府和地方政府财政总支出的比重;基于财政自主度法的计算方法为:地方政府财政收入占地方政府财政支出的比重。

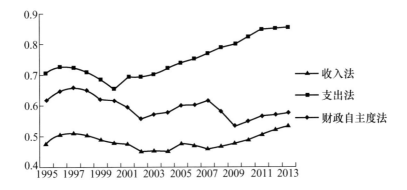

图4-1 将所有地方政府视为整体情形下财政分权程度的变化趋势

图4-1表明:第一,以收入法、支出法衡量的财政分权程度随时间的变化趋势基本一致,2000年之前,财政分权程度先上升后下降,2001年之后,财政分权程度稳步上升;第二,采用财政自主度法衡量的财政分权程度在1995—2013年内呈现出稳步的"台阶式"下降趋势,尽管在同一阶梯内财政分权程度均略有回升;第三,相比于收入法和财政自主度法,采用支出法衡量的财政分权程度,在样本期间内的均值更大。

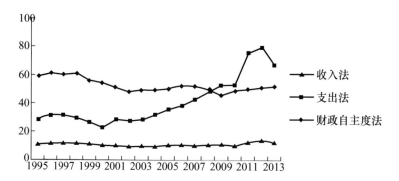

图 4-2 考虑个体差异情形下财政分权程度的变化趋势

与图 4-1 不同，图 4-2 中的财政分权变量特别考虑了同一截面内的个体差异，其具体计算方法：首先，计算各省及中央政府本级人均财政收入和人均财政支出；其次，分别得到各省以收入法、支出法和财政自主度法衡量的财政分权程度；最后，计算所有省份的财政分权程度的年算术平均值，进而得到 1995—2013 年中央政府与地方政府之间财政分权程度的变化趋势。需要说明的是，为了将不同方法度量的财政分权程度变化趋势在同一张图中更好地呈现，在图 4-2 中，以财政自主度法衡量的财政分权程度值为实际计算得到的值扩大 100 倍的结果。

由图 4-2 可以看出，财政分权程度的时序变化呈现出如下特征：第一，以收入法衡量的财政分权程度在 1995—2013 年的波动幅度较小，体现了"分税制"财政体制下相对稳定的财政分权格局；第二，以支出法衡量的财政分权程度在 1995—2013 年的波动幅度较大，且总体上呈现出先下降后上升再下降的变化趋势；第三，以财政自主度法衡量的财政分权程度在 1995—2013 年总体上呈现出稳步下降的趋势，但在 2009 年之后有小幅上升。总体而言，图 4-1、图 4-2 表明，测算中央政府与地方政府之间的财政分权程度时，无论是否将地方政府视为整体，采用相同的方法（收入法、支出法或财政自主度法）得到的财政分权程度的变化趋势均基本一致。

第 4 章　中国式分权治理模式的特征及其对产业政策影响的典型事实

分税制改革以来，中央政府与地方政府之间的财政分权程度不仅在时序上存在变化，在空间分布上也存在显著差异。本书将 30 个省（不含西藏、中国香港特别行政区、中国澳门特别行政区和中国台湾地区）按照地理区域划分为七个部分——华东地区、华南地区、华北地区、华中地区、西南地区、西北地区和东北地区，并比较不同区域财政分权程度的差异。其中，华东地区包括江苏省、浙江省、安徽省、福建省、江西省、山东省和上海市；华南地区包括广东省、广西壮族自治区和海南省；华北地区包括北京市、天津市、河北省、山西省和内蒙古自治区；华中地区包括湖北省、湖南省和河南省；西南地区包括四川省、云南省、贵州省和重庆市；西北地区包括陕西省、甘肃省、青海省、宁夏回族自治区和新疆维吾尔自治区；东北地区包括辽宁省、吉林省和黑龙江省。

图 4-3 为以收入法衡量的财政分权程度在不同区域的变化趋势。其中，以收入法衡量的财政分权指标通过计算区域内各省份人均财政收入与中央本级人均财政收入之比的算术平均值得出。从图 4-3 可以发现：财政分权程度在不同区域存在着显著差异，按照财政分权程度由高到低排序依次为华北地区、华东地区、华南地区、东北地区、西北地区、西南地区和华中地区；并且不同区域的财政分权程度随时间的变化趋势基本一致，在总体上呈现出较大程度的波动性。

图 4-4 为以支出法衡量的财政分权程度在不同区域的变化趋势。其计算方法为，区域内各省人均财政支出与中央本级人均财政支出之比的算术平均值。图 4-4 表明，以支出法衡量的财政分权程度在不同区域同样存在着显著差异。总体而言，按照财政分权程度由高到低排序依次为华北地区、华东地区、华南地区、东北地区、西北地区、西南地区和华中地区，尽管在不同的年份，不同区域之间的位次略有变化。进一步结合图 4-3 可以看出：第一，以以收入法衡量与支出

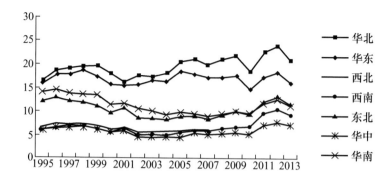

图4-3 以收入法衡量的财政分权程度在不同区域的变化趋势

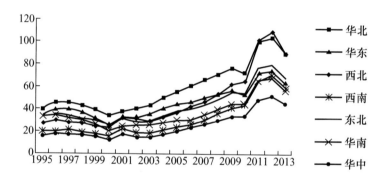

图4-4 以支出法衡量的财政分权程度在不同区域的变化趋势

法衡量的财政分权程度的变化趋势完全一致;第二,不同区域的财政分权程度随时间的变化趋势也大致相同,均呈现出较大幅度的波动趋势。

图4-5为以财政自主度法衡量的财政分权程度在不同区域的变化趋势,具体计算方法:区域内各省的人均财政收入与人均财政支出之比的算术平均值。从图4-5可以看出,以财政自主度法衡量的财政分权程度在不同区域之间存在着明显差异。在空间上,财政分权程度由高到低依次为华东地区、华北地区、华南地区、东北地区、华中地区、西南

地区和西北地区，其中东北地区和华中地区在 2002 年左右出现了交叉，两者所处的位置发生了对调。

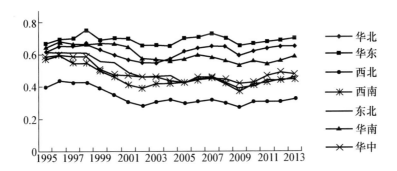

图 4-5 以财政自主度衡量的财政分权程度在不同区域的变化趋势

上述分析表明，以收入法和支出法衡量的财政分权程度在时序上、空间上都体现出相似的变化趋势。这既反映了财政收入对财政支出的约束作用，又体现出以收入法和以支出法衡量财政分权程度的等效性。但基于财政自主度法衡量的财政分权程度与基于收入法和支出法衡量的财政分权程度在变化趋势上并不完全相同。事实上，以财政自主度法衡量的财政分权主要度量了地方政府财政支出依赖其自有收入的程度，侧重于反映地方政府在促进经济发展过程中的独立性或自主程度；以收入法或支出法衡量的财政分权程度则度量了地方政府财政收入或财政支出占总财政收入或总财政支出的份额，侧重于体现地方政府在促进整个国家经济增长中的重要性。

4.2 中国产业政策的制定和实施

为了推动产业结构的转型升级，中国几乎所有的工业产业中均曾运用过产业政策，但其实施效果远未达到预期目标，从而引发广泛争议。

近年来越来越多的研究表明，除了资源禀赋和产业结构等因素的影响之外，特定经济体的制度和行政管理机构也是决定产业政策实施效果的关键因素。作为一个转型中的发展经济体，中国式分权治理模式通过政治上的相对集权与经济上的相对分权对产业政策的制定和实施产生了重要影响。这种中国式分权治理模式的组织基础则是与产业政策的制定和实施有关的行政管理架构（中央政府—地方政府—企业）。下文将从组织结构、普惠性以及实施强度的地区差异三个方面对有关产业政策的典型事实进行梳理和分析，以增进对中国式分权治理模式影响产业政策的理解。

4.2.1 产业政策制定和实施的组织架构

在不同的国家，由于政治体制和制度环境的不同，产业政策的组织和实施架构存在着显著差异。研究表明，产业政策的组织设计和政策流程对产业政策的质量有着重要影响，一定程度上决定了产业政策的成败。一般而言，发展中国家的产业政策治理模式大致分为三种类型：第一种类型是"自上而下型"，如智利，其特征是地方政府的自由度较低，中央政府独立负责产业政策的制定和实施；第二种类型是"混合型"，如巴西，其特征是存在全国性和地方性的举措能够影响产业政策的制定和实施；第三种类型是"自下而上型"，如印度，其特征是地方政府对产业政策的制定和落实起着关键作用。

虽然中国产业政策的制定主体为中央政府以及相关部委，但地方政府在产业政策的实施过程中扮演了重要角色，一定程度上，地方政府的行为选择决定着产业政策的实施效果。因而，中国产业政策的治理模式应属于"混合型"。在产业政策的实施层面，陈家建研究发现，中央政府往往通过"项目"的形式将重点政策传导给地方政府，并动员地方财政以资金配套的形式配合中央政府的行动。也就是说,大多数产业政策的有效实施往往需要省—市—县各级政府的一致行动去贯彻落实,从而最终作用于特定产业中的企业。

图4-6展现了中国多层级的产业政策实施架构。在行政结构上,中央政府及相关部委负责产业政策的制定、实施过程的监督以及实施结果的考查评估;地方政府负责产业政策的实施以及配合中央相关职能部委监督检查产业政策的实施效果。在产业政策的制定和实施过程中,多层级产业政策的特殊性主要体现在以下两点:第一,中央政府制定产业政策所依赖的基础数据和信息主要通过"县—市—省"自下而上地统计汇总和逐级信息反馈,以及地方政府的工作汇报来获取;第二,产业政策的实施效果与地方政府的努力投入水平密切相关。一方面,地方政府的行为选择对企业获取产业政策支持的力度有重要影响,使得在不同的地区,产业政策的普惠性和实施强度存在显著差异;另一方面,给定一项产业政策,其实施效果很大程度上取决于地方政府在促进短期经济增长和产业升级之间努力配置的水平,而地方政府在不同任务上的努力配

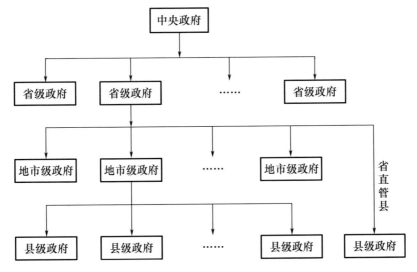

图4-6 中国多层级的产业政策实施架构

置比重又取决于中央政府的考核内容以及地区的经济发展水平和市场化改革进程。

4.2.2 产业政策的普惠性

产业政策的普惠性是指产业政策在产业或企业层面的分布，也就是在特定地区范围内获得产业政策扶持的企业比例。在中国，作为一种成体系的政府政策，"产业政策"最早出现于1986年制定的《国民经济和社会发展第七个五年计划》之中。从1986年正式文件中出现"产业政策"一词至今，有关产业政策的文件大量出台，在历次的党代会、政府工作报告以及中央经济工作会议中都有关于产业政策的内容。除此之外，还有部分关于产业政策的专项文件。表4-3为1986年以来在工业领域中出台的一些较为典型的产业政策文件。纵览各个文件可以发现，几乎在所有工业产业中都曾出台和实施过产业政策。产业政策的覆盖领域既包括钢铁、水泥、有色金属、煤炭、纺织、电子等传统产业，也包括新材料、新能源、节能环保等新兴产业。①

在不同的时期，由于国民经济发展现状、产业结构和特定产业所处的发展阶段不同，产业政策涉及的行业和政策目标存在显著的差别。20世纪70年代末，针对轻重工业比例失衡，原材料、交通运输等基础设施落后和部分加工工业生产能力过剩的问题，产业政策的重点是调整产业结构，扶持出口产业，提高产业的国际竞争力；20世纪80年代，由于工业中技术较为先进、附加值高的产业和产品的比例较低，通过选择主导产业，重点培育骨干企业的技术水平，推动产业升级，进而带动

---

① 2010年10月10日，国务院印发《国务院关于加快培育和发展战略性新兴产业的决定》，将战略性新兴产业界定为新材料、新能源、节能环保、生物、新一代信息技术、新能源汽车和高端装备制造七大产业。

整个国民经济持续健康发展成为当时产业政策的主要目标；20世纪90年代，在国务院印发的《90年代国家产业政策纲要》中，将产业政策的重点设定为：促进机械电子、汽车、化工和建筑四个行业的发展，鼓励新型产业，以提高产业的集中度。但在同时期，钢铁、煤炭等领域开始呈现产能过剩的迹象，因而，此时的产业政策在政策导向上采取扶持和抑制相结合的政策措施。进入21世纪，产业政策的重点包括两方面的内容：一方面，鼓励信息通信技术等高新产业的发展；另一方面，针对传统产业如钢铁、多晶硅、风力发电等不断涌现的产能过剩现象，中央政府试图通过产业政策化解产能过剩，推动产业结构的转型升级。2008年金融危机的爆发，中断了中央政府产业结构调整的步伐。为了宏观经济的稳定，中央政府实施四万亿元经济刺激计划，增加了在基础设施建设领域的投资，结果进一步加剧了水泥、钢铁等领域的产能过剩。2010年以来，产业政策的重点始终聚焦于鼓励企业创新，推动高新技术产业发展和采取措施化解产能过剩，以促进传统产业结构转型升级。

表4-3 工业领域中出台的一些较为典型的产业政策文件

实施年份	文件名称	说明（涉及行业、政策目标等）
1986	《中华人民共和国国民经济和社会发展的第七个五年计划》	能源、原材料加工、交通运输、通信业等
1989	《中国产业政策大纲》《国务院关于当前产业政策要点的决定》	促进工业特别是高新技术产业的发展
1994	《90年代国家产业政策纲要》	基础设施建设、高新技术产业和新型产业

续表

实施年份	文件名称	说明（涉及行业、政策目标等）
1994	《汽车工业产业政策》	汽车业
2000	《鼓励软件产业和集成电路产业发展的若干政策》	软件和集成电路
1998	《当前国家重点鼓励发展的产业、产品和技术目录（试行）》	对鼓励、限制和淘汰的产业部门进行了详细规定
1999	《淘汰落后生产能力、工艺和产品的目录》《工商领域制止重复建设目录》	制定了抑制重复建设、限制和淘汰落后生产能力的相关政策
2003	《汽车产业发展政策》	鼓励汽车技术研发，强调可持续发展
2003	《关于制止钢铁行业盲目投资的若干意见》	钢铁业，旨在遏制钢铁工业盲目发展的势头，调整产业结构，促进产业升级
2005	《钢铁产业发展政策》	钢铁业，促进钢铁产业转型升级
2005	《关于发布实施促进产业结构调整暂行规定的决定》	指出产业结构调整要"坚持节约发展、清洁发展、安全发展，实现可持续发展"
2006	《关于加快推进产能过剩行业结构调整的通知》	淘汰落后产能、推进技术改造、促进兼并重组，加强信贷、土地等政策与产业政策的协调配合，推进产能过剩行业结构调整

续表

实施年份	文件名称	说明（涉及行业、政策目标等）
2007	《外商投资产业指导目录》	对工业各个产业的外商投资均作出规定
2009	《十大重点产业调整振兴规划》	应对金融危机，涉及钢铁、汽车、船舶、石化、纺织、轻工、有色金属、装备制造、电子信息、物流业等十个产业
2009	《国务院批转发展改革委等部门关于抑制部分行业产能过剩和重复建设引导产业健康发展若干意见的通知》	通过环境监管、土地、金融政策和项目投资管理与产业政策协调配合，抑制部分行业产能过剩，进而调整产业结构
2010	《国务院关于加快培育和发展战略性新兴产业的决定》（国发〔2010〕32号）	重点培育和发展节能环保、新一代信息技术、生物、高端装备制造、新能源、新材料、新能源汽车等产业
2011	《产业结构调整指导目录》	几乎所有工业产业，旨在促进产业结构转型升级
2015	《中国制造2025》	制造业，特别是高端制造业
2015	《国民经济和社会发展第十三个五年规划》纲要	创新驱动发展；涉及战略性新兴产业和高端制造业

在不同的发展阶段，产业政策具有不同的政策目标。与此同时，在产业政策的普惠性上，不同地区也存在明显的差别，各省获得产业政策扶持的企业数目占比见表4-4。

表 4-4　各省获得产业政策扶持的企业数目占比

单位：（%）

省份	政府补贴	税收减免	省份	政府补贴	税收减免
北京	10.8	41.24	河南	7.24	53.26
天津	8.43	44.61	湖北	10.09	52.34
河北	6.41	50.35	湖南	9.71	52.97
山西	9.99	26.79	广东	6.48	50.73
内蒙古	17.76	45.80	广西	13.99	41.26
辽宁	10.75	39.57	海南	37.71	58.04
黑龙江	16.27	39.48	重庆	21.02	49.27
上海	25.88	57.98	四川	12.33	49.66
江苏	13.47	42.51	贵州	20.40	32.17
浙江	20.88	33.27	云南	25.92	38.05
安徽	13.96	36.56	陕西	12.09	39.09
福建	6.83	50.24	青海	26.29	36.72
江西	9.70	53.93	宁夏	24.31	34.74
山东	5.94	51.15	新疆	23.03	34.70

由表 4-4 可以看出，总体而言，企业获得税收减免政策扶持的比例大于获得政府补贴政策的比例。通过初步的计算可以得出，所有省份获得政府补贴的企业比例均值为 15.27%，获得税收减免的企业比例均值为 44.16%。也就是说，相比于政府补贴，税收减免是更为普惠的产业政策。在地区层面，不同的省份产业政策的普惠性也存在较大的差别。获得政府补贴企业数目占比最高的前五位依次为海南、青海、云南、上海和宁夏；获得政府补贴企业数目占比最低的后五位依次为河南、福建、广东、河北和山东。其中，海南获得政府补贴的企业比例最高，达到 37.71%，而山东获得政府补贴的企业比例最低，仅为 5.49%。获得税收减免政策支持的企业比例较高的前五位依次为海

南、上海、江西、河南和湖南，获得税收减免政策支持的企业占比较低的后五位依次为宁夏、新疆、浙江、贵州和山西。其中，海南获得税收减免的企业比例最高，达到58.04%，而山西获得税收减免的企业比例最低，仅为26.79%。

4.2.3 产业政策实施强度的地区差异

产业政策的地区差异不仅体现在普惠性上，也体现在实施强度上。表4-5为各省企业获得政策扶持的强度。其中，政府补贴通过企业补贴收入与企业增加值之比来衡量，税收减免通过企业应交税费减去实际缴纳税费的差额得出。

表4-5 各省企业获得政策扶持的强度

（单位：万元）

省份	政府补贴	税收减免	省份	政府补贴	税收减免
北京	25.35	88.63	河南	23.66	66.56
天津	14.78	99.64	湖北	27.54	35.72
河北	15.18	73.89	湖南	20.14	34.03
山西	27.90	32.12	广东	95.22	76.28
内蒙古	56.73	136.20	广西	17.32	48.25
辽宁	31.44	35.01	海南	80.69	162.43
黑龙江	60.59	11.07	重庆	39.41	72.12
上海	24.21	121.81	四川	28.93	53.67
江苏	17.42	62.69	贵州	46.79	95.77
浙江	20.30	34.79	云南	78.08	72.70
安徽	34.75	37.88	陕西	39.34	34.05
福建	48.08	45.09	青海	79.23	139.49

续表

省份	政府补贴	税收减免	省份	政府补贴	税收减免
江西	24.98	43.52	宁夏	46.00	10.83
山东	14.14	73.24	新疆	52.03	47.05

由表4-5可以看出，产业政策的实施强度也存在着显著的省际差异。所有企业获得政府补贴的平均值为38.94万元，其中补贴最高的前五位依次是：广东、海南、青海、云南和黑龙江，最低的后五位依次是：江苏、广西、河北、天津和山东。获得政府补贴最高的广东平均为95.22万元，而获得政府补贴最低的山东仅为14.14万元；获得税收减免扶持企业的税收减免均值为65.09万元，其中最高的前五位依次为：海南、青海、内蒙古、上海和天津，最低的后五位依次为：陕西、湖南、山西、黑龙江和宁夏。其中，海南企业税收减免均值最高，达到162.43万元，宁夏企业税收减免均值最低，仅为10.83万元。

综上所述，从产业政策的普惠性和实施强度来看，所有省份可以分为四个类别：覆盖面广且实施强度高的省份、覆盖面窄但实施强度高的省份、覆盖面广但实施强度弱的省份和覆盖面窄且实施强度弱的省份。第一类的代表如海南和上海，其产业政策既呈现出较强的普惠性，也呈现出较高的实施强度；第二类的代表如广东，获得政府补贴扶持的企业数目占比仅6.48%，但企业获得政府补贴的平均值为95.22万元；第三类如宁夏，获得税收减免政策的企业数目占比达到34.74%，但平均税收减免额仅10.83万元；第四类如山东，获得政府补贴的企业数目占比仅5.94%，获得政府补贴的均值也仅为14.14万元。另外，不同省份在产业政策工具的选择上也存在着不同的偏好，一些省份偏重运用政府补贴政策，如广东和海南，而另一些省份则偏重运用税收减免政策，如青海和内蒙古。

4.3 中国式分权治理模式影响产业政策的典型事实

4.3.1 中国式分权治理模式对产业政策普惠性的影响

对中国式分权治理模式与产业政策普惠性之间关系的分析可以从两个方面展开：一是分析中央政府对地方政府的考核内容由"偏增长"向"重转型"的转变对产业政策普惠性的影响；二是研究中央政府与地方政府之间的财政分权程度对产业政策普惠性的影响。

1. 中央政府考核内容的变化对产业政策普惠性的影响

上文的分析表明，产业政策的普惠性在地区之间存在显著差异。那么，产业政策的普惠性是否会随着中央政府考核内容的变化而有所不同？如果以中央政府对地方政府考核内容发生改变的2003年为界，则通过观察2003年前后产业政策普惠性的变化，是能够在一定程度上发现中央政府考核内容的变化对产业政策普惠性的影响。

图4-7为产业政策普惠性随时间的变化趋势。可以发现，1998—2012年，获得政府补贴的企业数目占比相对稳定，仅在2009年产生了一个向上的跳跃。可能的原因是：2008年，为应对全球金融危机导致的经济增速下滑，政府实施了四万亿元的财政刺激计划，结果导致2009年获得补贴的企业数目占比显著上升。同时可以看到，获得税收减免扶持的企业比例波动幅度较大，且在2003年前后的不同时段，获得税收减免扶持的企业占比并没有呈现出一致的变化规律。因而可以认为，中央政府对地方政府考核内容的变化并没有显著影响产业政策的普惠性。

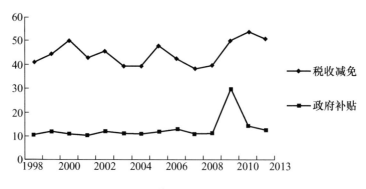

图 4-7　产业政策普惠性随时间的变化趋势

2. 中央政府与地方政府之间的财政分权程度对产业政策普惠性的影响

图 4-8 呈现了财政分权与获得产业政策扶持的企业占比之间的散点图及拟合线。可以看出，在政府补贴方面，随着财政分权程度的提高，获得扶持的企业占比有所增加。也就是说，政府补贴的普惠性可能与中央政府和地方政府之间的财政分权程度正相关；在税收减免方面，随着财政分权程度的提高，获得扶持的企业占比在降低，即税收减免的普惠性可能与财政分权程度存在着负相关的关系。

综上所述，中国式分权治理模式下，中央政府考核内容的变化、中央政府与地方政府之间的财政分权程度与获得产业政策扶持的企业比例之间没有呈现出一致的相关关系。也就是说，在总体上，中央政府考核内容的变化对产业政策普惠性的影响没有体现出明显的规律性，而财政分权对产业政策普惠性的影响也存在着不确定性，具体是取决于采用何种产业政策工具来度量产业政策。

4.3.2　中国式分权治理模式对产业政策实施强度的影响

图 4-9 描述了产业政策实施强度的时序变化。由图 4-9 可以看出，1998—2002 年，政府补贴实施强度稳步上升，于 2002 年达到局部

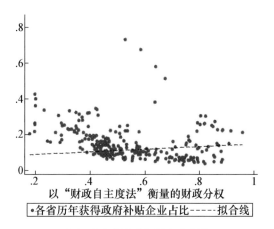

(a) 以政府补贴衡量产业政策

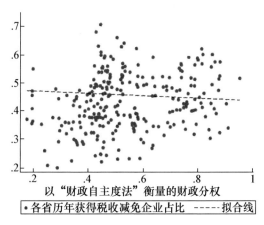

(b) 以税收减免衡量产业政策

图 4-8　财政分权与获得产业政策扶持的企业占比之间的散点图及拟合线

顶点之后,政府补贴实施强度便处于波动的状态,直到 2009 年,达到最高点之后便急速下降,2011 年又有所回升;在税收减免方面,样本区间内,其实施强度总体看来呈现下降趋势,并且其波动幅度较大,税收减免实施强度的波峰出现在 1999 年,波谷出现在 2003 年。从政府补贴实施强度和税收减免实施强度的变化趋势可以得出:第一,尽管政府补贴实施强度存在着一定的时滞,2008 年的金融危机,使得政府补贴和税收减免实施强度都呈现出上升趋势；第二，基于政府补贴实施强度和税收减免实施强度的时序变化图，我们无法总结出中央政府考核内容的变化对产业政策实施强度影响的规律性。

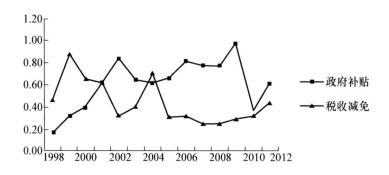

图4-9 产业政策实施强度的时序变化

图4-10为财政分权与产业政策实施强度之间的散点图及拟合线。可以发现，随着财政分权程度的提高，政府补贴实施强度在下降，税收减免实施强度在提高。结合产业政策普惠性的变化趋势，可以得出，财政分权程度的提高，增加了政府补贴的普惠性，但降低了政府补贴实施强度；在税收减免政策方面，财政分权程度的提高降低了其普惠性，却增加了其实施强度。

综上所述，需要结合更丰富的约束条件才能进一步展开分析中国式分权治理模式对企业获得产业政策支持的影响。以财政分权对产业政策实施强度的影响为例，不同的政策工具之间呈现出不同的相关关系，深入的分析需要依赖对政府补贴与税收减免各自作用机制的理解。

4.3.3 中国式分权治理模式对产业政策实施效果的影响

如果将产业政策普惠性和产业政策实施强度的地区差异视为地方政府实施产业政策的初始条件，那么，给定一项产业政策，地方政府的行

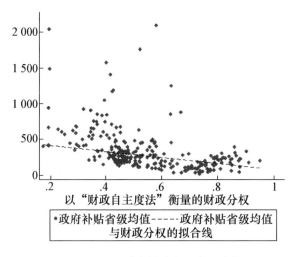

(a)以政府补贴衡量产业政策

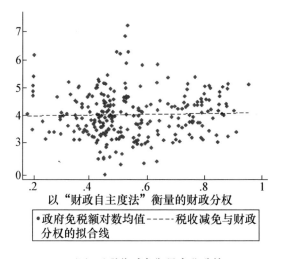

(b)以税收减免衡量产业政策

图 4-10　财政分权与产业政策实施强度之间的散点图及拟合线

为选择对产业政策的实施效果将产生更为重要的影响。而地方政府的行为选择又与中央政府的考核内容和中央政府与地方政府之间的财政分权程度密切相关。

1. 中央政府考核内容的变化与产业政策实施效果之间的相关性

本书以中央政府考核内容发生变化的年份为界，将样本分为 1998—2002 年和 2003—2007 年两个子样本，并分别绘制政府补贴、税收减免与企业层面 TFP 的散点图及拟合线，如图 4-11 和图 4-12 所示。

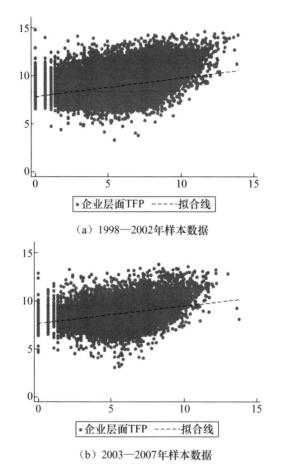

(a) 1998—2002 年样本数据

(b) 2003—2007 年样本数据

图 4-11 政府补贴与企业层面 TFP 的散点图及拟合线

由图 4-11 和图 4-12 可以看出，第一，在 1998—2002 年和

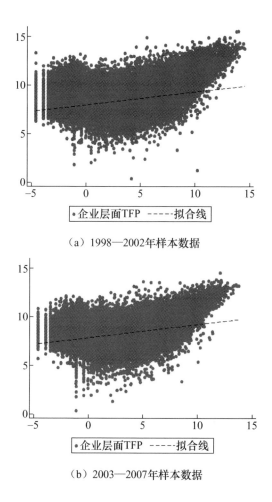

(a) 1998—2002年样本数据

(b) 2003—2007年样本数据

图 4-12 税收减免与企业层面 TFP 的散点图及拟合线

2003—2007年两个子样本中，政府补贴、税收减免与 TFP 之间均呈现出正相关性。也就是说，随着政府补贴的增加，企业层面的 TFP 随之提高；当企业获得更大的税收减免额度时，企业层面的 TFP 也相应地增加。第二，尽管两个子样本的观察值数量不同，但基于不同子样本所做的政府补贴与企业层面 TFP 的散点图、税收减免与企业层面 TFP 的散点图都呈现出大致相同的形态。

不足之处在于：由于坐标单位的量级相比于拟合线斜率的变化程度而言太大，基于图 4-11 和图 4-12，无法直观比较两幅图中拟合线斜率的大小，从而也难以仅仅通过散点图和拟合线来量化中央政府考核内容的变化对产业政策实施效果的影响。

为了进一步判定中央政府考核内容的变化对产业政策实施效果的影响，本书基于不同子样本计算了政府补贴与企业层面 TFP、税收减免与企业层面 TFP 之间的相关系数，见表 4-6。

表 4-6　不同子样本中产业政策与企业层面 TFP 之间的相关系数

样本区间	1998—2002 年	2003—2007 年
政府补贴与 TFP 的相关系数	0.321	0.352
税收减免与 TFP 的相关系数	0.379	0.388

表 4-6 显示，在 1998—2002 年的子样本中，政府补贴与企业层面 TFP 的相关系数为 0.321，在 2003—2007 年的子样本中，政府补贴与企业层面 TFP 的相关系数增大为 0.352；税收减免与企业层面 TFP 之间的相关系数，则由 1998—2002 年子样本中的 0.379 上升到 2003—2007 年子样本中的 0.388。因而，从相关系数的变化可以初步判定产业政策实施效果与中央政府考核内容的变化之间正相关。下文将进一步运用严谨的计量估计方法检验中央政府考核内容的变化对产业政策实施效果的影响，以验证本书第 3 章中提出的相关命题（命题 1）。

2. 财政分权程度与产业政策实施效果之间的相关性

为了初步判定财政分权程度对产业政策实施效果的影响，本书首先将所有观察值以财政分权程度为基准升序排列，并分成相等的两部分，分别命名为"低水平财政分权"子样本和"高水平财政分权"子样本；其次，基于不同的子样本，绘制政府补贴与企业层面 TFP 之间的散点图及拟合线，如图 4-13 所示。从图 4-13 可以看出，尽管子样本涵盖的时间范围不同，但政府补贴与企业层面 TFP 两者之间均呈现出一致的正相关关系,并且两个散点图具有相似的形态。但仅仅通过图 4-13,仍无法对不同财政分权程度下,政府补贴与企业层面 TFP 之间拟合线的斜率进行直观比较。

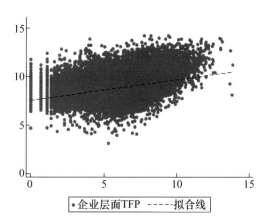

(a)"低水平财政分权"子样本

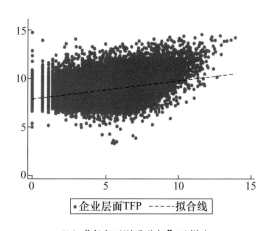

(b)"高水平财政分权"子样本

图 4-13　政府补贴与企业层面 TFP 之间的散点图及拟合线

基于"低水平财政分权"和"高水平财政分权"两个子样本,得到税收减免与企业层面 TFP 之间的散点图和拟合线,如图 4-14 所示。

通过图 4-14 可以发现,税收减免与企业层面 TFP 之间基于不同

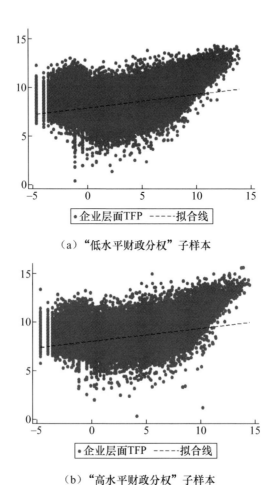

(a)"低水平财政分权"子样本

(b)"高水平财政分权"子样本

图 4-14 税收减免与企业层面 TFP 之间的散点图及拟合线

的子样本所做的描述性统计均呈现出正相关关系，且两者的散点图形状基本相同。但同样的问题是，我们仍然无法仅仅通过图 4-14 直观地比较不同财政分权程度下，税收减免与企业层面 TFP 之间拟合线斜率的大小。

进一步，本书测算了在不同的财政分权区间，政府补贴与企业层面 TFP、税收减免与企业层面 TFP 之间的相关系数。由表 4-7 显示，财政分权程度的提高，使得政府补贴与企业层面 TFP 之间的相关系数由 0.327 上升到 0.346，税收减免与企业层面 TFP 之间的相关系数则由 0.385 上升到 0.391。关于财政分权程度与产业政策实施效果之间是否存在因果关系以及两者之间因果关系的强度，则需要在控制若干其他变量的情况下，通过严格的计量经济学估计方法进行识别。

表 4-7 不同的财政分权区间样本中产业政策与企业层面 TFP 之间的相关系数

样本区间	财政分权程度小于 0.745	财政分权程度大于 0.745
政府补贴与 TFP 的相关系数	0.327	0.346
税收减免与 TFP 的相关系数	0.385	0.391

注：0.745 为 1/2 分位数的财政分权程度值。

4.4 本章小结

本章主要概述了中国式分权治理模式的基本特征、中国产业政策制定和实施的组织架构以及产业政策普惠性和产业政策实施强度的地区差异，并对中国式分权治理模式影响产业政策的典型事实进行梳理。

通过本章的分析可以得到如下结果。第一，中国式分权治理模式可以通过政治集权方面中央政府考核内容的变化和经济分权方面中央政府与地方政府之间的财政分权程度来体现。尽管分税制改革以来，中央政府与地方政府之间基本的分权格局没有改变，但在政治方面，随着中央政府发展目标的变化，中央政府的考核内容也随之改变；在经济方面，中央政府与地方政府之间的财政分权程度随着时空的变化呈现出明显的省际差异。第二，在中国产业政策的实施过程中，地方政府扮演了重要角色。尽管在不同的地区，产业政策的普惠性和实施强度都有所不同，但中国式分权治理模式主要通过影响地方政府的行为选择，进而对产业政策实施效果产生重要影响。第三，中国式分权治理模式对产业政策实施效果的作用可以进一步从中央政府考核内容的变化和中央政府与地方政府之间的财政分权程度对产业政策实施效果的影响两方面进行分析。

基于不同样本的描述性统计发现，中央政府考核内容的变化增强了产业政策与企业层面 TFP 之间的相关性；随着中央政府与地方政府之间财政分权程度的提高，产业政策与企业层面 TFP 之间的相关性也显著提高。那么，中央政府考核内容的变化、中央政府与地方政府之间的财政分权程度与产业政策实施效果之间是否存在因果关系以及这种因果关系是否还会受到诸如地区经济发展水平和市场化进程等外生环境变量的影响，则有待于下文的进一步识别和验证。

第 5 章

中央政府考核内容的变化对产业政策实施效果的影响

自 Blanchard and Shleifer（2001）以来，学者们对政治集权在保护市场型财政联邦制（中国式分权治理模式）中的重要性有了新的认识。在政治集权的体制下，地方政府的行为是以中央政府的发展目标为导向，中央政府通过组织和人事制度保障其政策的有效落实。在钱颖一等人看来，中国与俄罗斯之间行政组织结构的不同是两国经济发展和市场化绩效差异巨大的重要原因。在俄罗斯，联邦政府与地方政府之间的关系相对松散，地方政府具有较强的独立性。联邦政府既没有足够的权威使地方政府按照联邦政府的要求促进经济发展，也没有相应的制度来保障地方政府与联邦政府能够共享经济发展的成果；与俄罗斯"分散型的财政联邦制"不同，中国式的财政联邦制（中国式分权治理模式）通过政治上相对集权与经济上相对分权的有机结合，保障了中央政府在改革和转型过程中的绝对权威，降低了地方政府被俘获的风险，促进了中国经济的持续快速增长和市场化改革的成功。但在具体的研究中，由于中央政府与地方政府之间的行政关系是一种基本政治制度，两者之间的关系不易量化，而作为政治集权的保障和实施机构，中央政府与地方政府自上而下建立的组织系统和人事体制也难以直接纳入经济学的实证分析框架进行研究。因而，从经验层面上研究政治集权对产业政策实施效果的影响面临着巨大的挑战。现有文献大多侧重于从地方官员任期、异地交流及地方政府官员的政治考量视角出发,间接反映政治集权对地方政府行为选择的影响。

在现有研究的基础上,考虑到直接引入政治集权变量的困难,本书尝试通过代理变量来间接反映政治集权的变化,进而研究中央政府与地方政府之间在政治上的相对集权对产业政策实施效果的影响。值得注意的是,尽管中央政府与地方政府之间的基本行政关系保持不变,但中央政府对地方政府的考核内容时有变化。在既定的中国式分权治理模式下,中央政府对地方政府的考核结果将作为地方政府官员职务晋升的主要依据。也就是说,中央政府的考核目标对产业政策实施效果的影响在一定程度上能够体现政治集权对产业政策实施效果的激励作用。中央政府的发展目标以及中央政府对地方政府的考核内容也随之发生了显著变化。可以简单地概括为:以2003年为分界点,2003年之前,中央政府的考核内容偏重短期的经济增长速度;2003年及之后中央政府的考核内容更加重视产业结构的转型升级,而对经济增长的要求却明显降低。

下文以2003年为分界点,将样本分为两组,分别运用不同组的数据对模型进行拟合,并对基于不同组所做的估计结果进行比较,以检验中央政府的考核内容由"偏增长"向"重转型"的变化对产业政策实施效果的影响。

5.1 研究设计

5.1.1 模型设定与估计方法

1. 模型设定

为了研究当中央政府考核内容发生变化时,产业政策对地方政府在

第 5 章　中央政府考核内容的变化对产业政策实施效果的影响

不同任务上努力配置，进而对企业全要素生产率、企业产值增长率影响的差异，并考虑到企业获得产业政策支持可能存在的内生性问题（余明桂等，2010），本书建立了如下的联立方程模型。

$$\begin{cases} \ln TFP_{jst} = \alpha_0 + \alpha_{11} IP_{ijst} + \alpha_{12} export_{ijst} + \alpha_{13} state_{ijst} + \alpha_{14} rd_{ijst} + \alpha_{15} lerner_{jst} + \\ \qquad\qquad \alpha_{16} fdi\_effect_{jt} + \alpha_{17} i\_market_{st} + \alpha_{18} p\_gdp_{st} + \gamma_{ijs} + \varepsilon_{ijst} \\ \ln g_{jst} = \beta_0 + \beta_{21} IP_{ijst} + \beta_{22} rd_{ijst} + \beta_{23} L_{ijst} + \beta_{24} K_{ijst} + \beta_{25} FD_{st} + \gamma_{ijs} + \varepsilon_{ijst} \\ IP_{ijst} = \gamma_0 + \gamma_{31} TFP_{jst} + \gamma_{32} g_{jst} + \gamma_{33} state_{ijst} + \gamma_{34} scale_{ijst} + \gamma_{35} FD_{st} + \gamma_{ijs} + \varepsilon_{ijst} \end{cases}$$

(5-1)

在联立方程模型(5-1)中，第一个方程借鉴白重恩和张琼（2014）关于全要素生产率影响因素的分析框架，参照 Aghion et al（2015）的做法，主要用于研究产业政策对企业层面全要素生产率的影响；第二个方程基于 Xiao and Weiss（2007）发展的分析方法，研究产业政策对企业产值增长率影响；第三个方程借鉴 Junyi（2006）的做法，构建了企业获得政府补贴或税收减免支持的影响因素方程。已有的研究（唐清泉和罗党论，2007；Blonigen and Wilson，2010）将政府补贴或税收减免等产业政策变量视为外生变量，忽视了不同企业绩效的差异对获得产业政策支持的影响。本书则将产业政策变量内生化，进一步引入企业获得产业政策支持的影响因素变量，如企业所有制结构、企业所在地区的财政分权程度、企业的相对规模、企业产值增长率等，从而弱化了产业政策与企业全要素生产率之间可能存在的内生性问题。

联立方程模型(5-1)中的变量含义如下：i 表示企业；j 表示产业；s 表示省份；t 表示年份；TFP 为产业内企业层面的全要素生产率均值；g 为企业产值增长率；IP 为产业政策变量，分别以政府补贴（$subsidy$）和税收减免（$taxfree$）来衡量；$export$ 为企业出口产值占比，体现了企业的国际竞争力；$state$ 为企业国有资本占比，反映了企业的所有制结构；rd 表示企业的研发投入；L 为企业的劳动力投入；K 为企业的资本投入；勒纳指数 lerner 反映了企业所在行业的市场竞争强度；fdi_effect 为外商直接投资的水平溢出效应；i_market 为地区市场化指数；p_gdp 为地区人均 GDP，反映了地区的经济发展水平；scale 为企业产值与产业总产值之比；FD 为中央政府与地方政府之间的财政分权程度；γ 用于控制个体固定效应，克服不随时间变化但随产业和地区变化的遗漏变量影响，如地区自然环境、区位空间差异等因素，ε 为残差项。

2. 估计方法讨论

对联立方程模型参数估计的前提是参数必须"可识别"，也就是要满足联立方程模型的阶条件和秩条件。阶条件是指结构方程所排斥的外生变量个数应大于等于该方程所包含的内生解释变量个数；秩条件要求被斥变量结构参数矩阵的秩等于 G-1，G 为内生变量的个数。

在联立方程模型(5-1)中，第一个方程所包含的内生解释变量有 1 个，即产业政策变量（IP），未包含的解释变量有 7 个：具体包括企业出口产值占比（export）、企业国有资本占比（state）、企业研发投入（rd）、勒纳指数（lerner）、外商直接投资的水平溢出效应（fdi_effect）、市场化指数（i_market）和地区人均 GDP（p_gdp），未包含的解释变量个数大于内生解释变量个数，第一个方程为过度识别；第二个方程包含的内生解释变量有 1 个，即产业政策变量（IP），未包含的解释变量有 4 个：企业研发投入（rd）、企业的资本投入（K）、企业的劳动力投入（L）、财政分权程度（FD），未包含的解释变量个数大于内生解释变量个数，第二个方程为过度识别；第三个方程中的内生解释变量有 2 个：企业全要素生产率（TFP）和企业产值增长率（g），未包含的解释变量有 3 个：企业国有资本占比（state）、企业产值与产业总产值之比（scale）以及财政分权程度（FD），未包含的解释变量个数大于内生解释变量个数，第三个方程也为过度识别。因而，联立方程模型（5-1）满足可识别的阶条件。

关于秩条件，第一个方程的被斥变量结构参数矩阵为

$$A_1 = \begin{bmatrix} 1 & -\beta_{23} & -\beta_{24} & 0 & -\beta_{25} \\ -\gamma_{32} & 0 & 0 & -\gamma_{34} & -\gamma_{35} \end{bmatrix}$$

第二个方程的被斥变量结构参数矩阵为

$$A_2 = \begin{bmatrix} 1 & -\alpha_{12} & -\alpha_{13} & -\alpha_{15} & -\alpha_{16} & -\alpha_{17} & -\alpha_{18} & 0 \\ -\gamma_{31} & 0 & -\gamma_{33} & 0 & 0 & 0 & 0 & -\gamma_{34} \end{bmatrix}$$

第三个方程的被斥变量结构参数矩阵为

$$A_3 = \begin{bmatrix} -\alpha_{12} & -\alpha_{13} & -\alpha_{15} & -\alpha_{16} & -\alpha_{17} & -\alpha_{18} & 0 & 0 \\ 0 & 0 & 0 & 0 & 0 & 0 & -\beta_{23} & -\beta_{24} \end{bmatrix}$$

由被斥变量的结构参数矩阵可知，$rank(A_1)=rank(A_2)=rank(A_3)=2$，而内生变量的个数 $G=3$，因此，联立方程模型的秩条件成立。

联立方程模型的估计方法分为有限信息方法和完整信息方法。有限信息方法常用两阶段最小二乘法（2SLS）进行估计，完整信息方法常用三阶段最小二乘法（3SLS）进行估计。3SLS 实质上是 2SLS 与似不相关回归（SUR）估计方法的结合。由于 3SLS 考虑了方程之间的相关性，其估计结果与 2SLS 相比在无偏性和有效性方面更具优势。因而，本章选用 3SLS 方法对联立方程模型进行估计。

最后，本书通过运用面板数据固定效应方法，进一步消除方程中可能存在的遗漏变量影响，以获得更好的估计结果。

5.1.2　数据来源与变量度量

1. 数据来源

本章数据主要来源于《中国工业企业数据库》（1998—2007），产业层面的数据由企业层面的数据加总得出，并通过《中国工业经济统计年鉴》（1998—2007）对缺失的产业层面数据进行补全；宏观层面的数据（如各省人均 GDP、财政收支）来源于《中国统计年鉴》（1998—2007）、《中国财政年鉴》（1998—2007）；市场化指数来源于《中国市场化指数报告》；计算 FDI（Foreign Direct Investment）溢出效应的投入产出数据来自《2002年投入产出表》。

第一，参照聂辉华等（2012）、Brandt et al（2012）的做法对企业层面的原始数据进行整理。具体步骤如下所述。①剔除低质量的观察值。低质量体现为：固定资产净值或销售额低于500万元，利润率低于0.1%或高于99%，或者职工人数少于8人（一般认为，职工人数少于8人的企业缺乏可靠的会计系统）。②剔除有缺失的观察值。特别是某些观察值缺少关于销售额、职工人数、总资产或固定资产净值等关键变量的统计数据。③剔除异常值。例如，存在个别观察值的总资产小于流动资产、总资产小于固定资产净值，或者累计折旧小于当期折旧等不合理情况。经过数据处理，最终的样本包含130万个企业层面的观察值。

第二，在地区和产业层面，选取27个省（区、市）、25个二位码产业的数据，具体涵盖的产业见表5-1。

表5-1 样本数据中的二位码产业类别

产业码	产业类别	产业码	产业类别
14	食品制造业	28	化学纤维制造业
15	饮料制造业	29	橡胶制品业
16	烟草加工业	30	塑料制品业
17	纺织业	31	非金属矿物制造业
18	服装及其他纤维制品制造业	32	黑色金属冶炼及压延加工业
19	皮革、毛皮、羽绒及其制品业	33	有色金属冶炼及压延加工业
20	木材加工及竹、藤、棕、草制品业	34	金属制品业
21	家具制造业	36	专用设备制造业
22	造纸及纸制品业	37	交通运输设备制造业
24	文教体育用品制造业	38	电气机械及器材制造业
25	石油加工及炼焦业	39	计算机、通信等电子设备制造业

续表

产业码	产业类别	产业码	产业类别
26	化学原料及化学制品制造业	40	仪器仪表制造业
27	医药制造业		

2. 变量度量

模型中的变量可以分为内生变量和外生变量两类。变量含义及计算方法见表5-2。其中，内生变量包括：全要素生产率、企业利润率、企业产值增长率、企业库存增长率、补贴收入比重、企业免税额等，在稳健性估计中，进一步引入企业利润率和企业库存增长率。具体含义和计算方法如下。

全要素生产率（TFP）：其含义和测度见本书1.2.3节。本章中的企业层面TFP为某省某年产业内的企业TFP均值。一般情形下，企业层面TFP的提高反映了企业的技术进步或管理水平的提升，与产业层面的TFP并不完全对应，因为产业层面TFP的提高既可能是企业全要素生产率水平提升的结果，也可能是反映了企业之间配置效率的改善。正如勃兰特指出的那样，生产力增长在企业层面和产业层面的差异是企业进退的重要推动力，也代表了资源在企业之间配置效率的改善程度。但企业TFP在产业内的均值一定程度上能够体现产业的技术水平，因而本书中的TFP具体是指企业层面TFP在产业内的均值。

表5-2 变量含义及计算方法

变量类别	变量	变量含义	计算说明
内生变量	TFP	全要素生产率	通过 LP 方法计算
	g_profit	企业利润率	利润总额/增加值
	g	企业产值增长率	（当年企业总产值－上一年企业总产值）/上一年企业总产值

续表

变量类别	变量	变量含义	计算说明
内生变量	g_store	企业库存增长率	（当年企业库存－上一年企业库存）/上一年企业库存
	$subsidy$	补贴收入比重	企业补贴收入/企业年销售收入
	$taxfree$	企业免税额	企业利润总额×33%－企业应交所得税
外生变量	$export$	出口产值占比	企业出口交货值/企业销售产值
	$state$	国有资本占比	企业国有资本/企业实收资本
	rd	研发投入占比	企业新产品产值/企业总产值
	L	劳动力投入	全部从业人员年平均余额的对数
	K	资本投入	固定资产投资净值的对数
	$lerner$	市场竞争强度	（经营利润－资本成本）/销售收入
	fdi_effect	FDI水平溢出效应	外国资本的产值份额/总产值
	p_gdp	人均GDP	（地区生产总值GDP/地区人口总数）取对数
	i_market	市场化指数	来源于《中国市场化指数》
	$scale$	企业产值占比	企业产值/产业总产值
	FD	财政分权变量	地方财政收入/中央政府财政总收入

企业利润率：在稳健性分析中，替代全要素生产率，度量了地方政府致力于落实产业政策所获得的效率改善。

企业产值增长率：衡量了企业规模扩张的程度，在本章中，反映了地方政府在促进经济增长方面投入努力实现的产出。

企业库存增长率：在稳健性分析中，替代企业的产值增长率。

产业政策：本书选取补贴收入比重和企业免税额两个变量，并分别取对数。借鉴 Aghion et al（2015）的做法，税收减免的计算方法为企业应交所得税与实际税费之差。

外生变量包括：出口产值占比、国有资本占比、研发投入占比、劳动力投入、资本投入、市场竞争强度、FDI 水平溢出效应、人均 GDP、市场化指数、企业产值占比和财政分权变量，具体如下。

出口产值占比：企业出口交货值与企业销售产值之比，反映了企业的国际竞争力。

国有资本占比：用企业的国有资本与实收资本之比来衡量，体现了企业的所有制结构。

研发投入占比：借鉴 Sheng and Song（2013）的研究，以企业新产品产值与企业总产值比之来衡量。

劳动力投入：劳动力是决定企业产出最重要的生产要素之一，对企业的规模扩张具有重要的影响（白重恩和张琼，2014）。

资本投入：通过企业的固定资产投资净值取对数来衡量，也是企业规模扩张的主要影响因素之一。

市场竞争强度：通过 Lerner 指数来衡量，Lerner 指数即边际利润率，参照 Aghion et al（2015）的做法，勒纳指数＝（经营利润－资本成本）/销售收入。

FDI 水平溢出效应：罗雨泽等（2008）使用 2000 年和 2002 年的制造业企业数据，发现外商投资企业对本行业和本地区的内资企业有显著的正向溢出效应。根据 Javorcik et al（2004）、Du et al（2014）的做法，j 产业在 t 年的 FDI 溢出效应表示为

$$fdi\_effect_{jt} = \left[\sum_{i \in j} ForeignShare_{it} * Y_{it}\right] / \sum_{i \in j} Y_{it} \qquad (5-2)$$

在式（5-2）中，$ForeignShare_{it}$ 为 t 年 j 产业中的外资所有权占比，Y_{it} 为 t 年 i 企业的年产值，FDI 溢出效应可以理解为产业中外国资本的产值份额与总产值之比。

人均 GDP：以地区人均 GDP 的对数来衡量。发展中经济体的政府

（领导人）往往具有强烈的"经济赶超"愿望，并且越是落后的地区，赶超的愿望越强烈。同时，一些研究表明，越是落后的地区，落实产业政策的激励扭曲可能越严重。在全要素生产率分析框架中引入经济发展水平作为控制变量，能够控制经济发展水平对产业政策实施效果的影响。

市场化指数：以市场化水平指数来度量，市场化水平的提高降低了经济活动中可能存在的寻租和腐败行为的概率，进而对企业 TFP 的提高和产值的增长有重要的作用。

企业产值占比：反映了企业相对规模的大小，通过企业产值与产业总产值之比来衡量。

财政分权变量：以地方政府财政收入与中央政府财政总收入之比，即收入法来度量。研究表明，中央政府与地方政府之间的财政分权程度对经济增长具有重要的作用，并且财政分权可能影响产业政策实施强度和产业政策普惠性的省际差异。因而，本书在联立方程模型中的第二个方程和第三个方程中引入了财政分权变量。

5.1.3　描述性统计

1. 企业层面 TFP 的变化

图 5-1 为应用 LP 方法测算的 1998—2007 年中国工业企业层面 TFP 均值（对数值）的时序变化曲线。可以看到，虽然在 2007 年，企业 TFP 有所下降，但整体上，工业企业的 TFP 呈现上升态势，且其增速（不同时间点的斜率）在不同的年份均存在显著差别。在 Zhu (2012) 看来，市场化改革是中国工业 TFP 增长的主要原因。20 世纪 90 年代至 21 世纪初，市场化改革为民营企业的崛起创造了条件，使得企业进入和退出更为频繁，企业之间的竞争程度更为激烈，进而促

进了企业全要素生产率的提高。

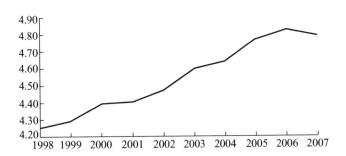

图 5-1　中国工业企业层面 TFP 均值（取对数）的时序变化

进一步，本书绘制了企业层面 TFP 在不同年份的核密度图，如图 5-2 所示。可以看出，企业层面的 TFP 在不同的年份具有相似的分布函数，但其均值并不相同。

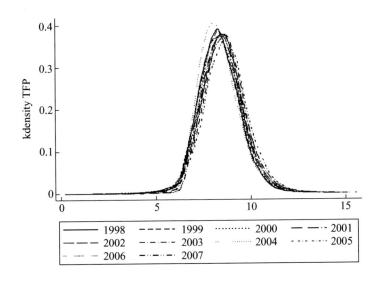

图 5-2　企业层面 TFP 在不同年份的核密度图

图 5-3 为各省（区、市）1998—2007 年企业层面 TFP 均值的对

数,横向比较了工业企业层面 TFP 在地区之间的差异。可以看出,不同省份的企业层面 TFP 均值差异较大,北京、安徽、湖北等地的企业层面 TFP 均值较高,云南、湖南、四川等地的企业层面 TFP 均值较低。事实上,企业层面 TFP 均值的差异体现了不同地区多元化的产业结构和非均衡的产业技术水平。

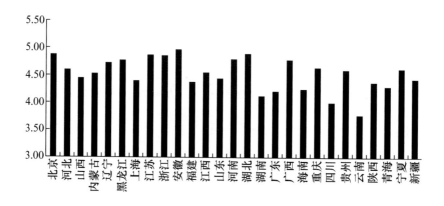

图 5-3 各省(区、市)1998—2007 年企业层面 TFP 均值的对数

2. 其他变量的统计特征

表 5-3 为相关变量的描述性统计,涵盖了本书中样本的全部观察值。在本书中,当拟合具体的计量模型时,样本中的观察值个数随着模型的差异而有所不同。可以看出,样本企业在利润率、产值增长率、库存增长率、国际竞争力、所有制结构、企业规模等方面呈现出明显的多样性。以国有资本占比为例,样本中既包含国有资本占比为 100% 的企业(国有独资企业),也包括国有资本占比为 0 的企业(民营企业);对于企业研发水平(rd)指标,其最小值为 0、最大值为 1、均值为 0.0298、标准误为 0.1404,表明企业在研发投入方面存在较大差异,且分布较为离散;在市场竞争强度方面,从 $lerner$ 的最小值和最大值可以判定,样本中既有接近完全竞争的产业($lerner=1$),又有垄断程度较高的产业($lerner=0.4472$)。而 fdi_effect 的均值为 0.2531,标准

误为 0.1422，表明 FDI 溢出效应在产业层面呈现出较高程度的离散性；另外，市场化水平和人均 GDP 也反映了地区之间市场化进程的差异和经济发展水平的不均衡。

表 5-3 相关变量的描述性统计

变量名称	观察值个数	均值	标准误	最小值	最大值
TFP	1385836	11.1247	0.7205	8.1165	12.2057
$subsidy$	178330	5.3257	2.1017	0	14.0224
$taxfree$	908107	4.0803	2.9255	-4.6052	14.5416
$export$	1385836	0.2182	0.2501	0	1
rd	1385836	0.0298	0.1404	0	1
$state$	1385836	0.0868	0.2680	0	1
$lerner$	1385836	0.9877	0.0263	0.4472	1
fdi_effect	1385836	0.2531	0.1422	0.0007	0.9389
i_market	1385836	7.7085	2.2286	1.4900	11.7100
p_gdp	1385836	9.7108	0.6280	7.7681	11.1276
g	923174	0.4252	13.2322	-0.9999	7492.3330
L	1385836	6.5189	0.8920	3.5432	8.0222
K	1385836	9.9344	0.6697	8.3767	11.9593
FD	1385836	0.0587	0.0305	0.0019	0.1352
$scale$	1385836	0.0002	0.0067	0	1
g_profit	1385836	0.0167	2.5013	-597.6667	2422.4610
g_store	923174	0.2156	0.2848	-0.7247	6.5408

注：表中 L、K、p_gdp 均为以 e 为底的对数值。

5.2 计量检验结果及分析

5.2.1 初步估计结果

表5-4报告了当产业政策以政府补贴衡量时，中央政府考核内容的变化对企业层面TFP以及对企业产值增长率的影响。

表5-4 中央政府考核内容的变化对企业层面TFP以及对企业产值增长率的影响

变量	被解释变量：TFP		被解释变量：g	
	1998—2002年	2003—2007年	1998—2002年	2003—2007年
$subsidy$	0.323***	0.416***	0.639***	−0.283***
	(9.62)	(12.41)	(11.92)	(−63.71)
$export$	−0.080**	−0.250		
	(−2.80)	(−1.36)		
rd	0.015	0.439***	0.288***	0.083
	(0.68)	(5.48)	(4.19)	(1.32)
$state$	−0.027*	0.085***		
	(−1.75)	(3.86)		
$lerner$	0.195	2.681**		
	(1.63)	(2.43)		
fdi_effect	0.250***	0.899***		
	(4.41)	(3.11)		
i_market	−0.054***	−0.430***		
	(−16.30)	(−6.34)		
p_gdp	1.550***	3.342***		
	(28.43)	(10.42)		

续表

变量	被解释变量：TFP		被解释变量：g	
	1998—2002 年	2003—2007 年	1998—2002 年	2003—2007 年
K			1.619	0.002
			(0.86)	(0.64)
L			−6.250***	−0.015
			(−6.09)	(−1.51)
FD			8.062	8.137**
			(1.59)	(2.16)
_cons	−5.796	−5.668***	5.120***	6.975***
	(−15.62)	(−3.13)	(3.35)	(30.34)
N	22149	67370	22149	67370

注：***、**、* 分别代表在 1%、5%、10% 的水平上显著（双尾），括号中为 z 统计量。

由表 5-4 可以看出，中央政府的考核内容发生变化之前，政府补贴对企业层面 TFP 的影响系数为 0.323，且在 1% 的显著性水平上成立；当中央政府的考核内容转向重视产业升级时，政府补贴对企业层面 TFP 的影响系数增大为 0.416，同样在 1% 的显著性水平上成立。也就是说，中央政府对地方政府的考核内容由"偏增长"向"重转型"的转变，使得政府补贴对企业层面 TFP 的促进作用增大了 28.8%；在促进企业规模扩张方面，2003 年之前，政府补贴对企业产值增长率的影响系数为 0.639，且在 1% 的显著性水平上成立，2003 年及之后政府补贴对企业产值增长率的影响系数为 −0.283，并且满足 1% 的显著性水平。即中央政府考核内容的变化，改变了地方政府在不同任务上努力投入的激励，使得产业政策对企业层面 TFP 的促进作用有所提高，对企业产值增长率的影响显著降低。

尽管一些文献的研究表明，政府补贴可能导致企业采用低价格策略参与市场竞争，进而助长了企业的规模扩张，最终不利于企业技术水平的提升。但本章的研究可能为理解政府补贴的作用提供了另一种视角：即中央政府考核内容的变化增强了地方政府在促进企业层面 TFP 方面的努力投入，使地方政府在政府补贴实施过程中加强了监管，降低了政府补贴的错配程度，从而弱化了产业政策的规模扩张效应。

表 5-5 报告了当产业政策以税收减免衡量时，中央政府考核内容的变化对税收减免政策实施效果的影响。

表 5-5 中央政府考核内容的变化对税收减免政策实施效果的影响

变量	被解释变量：TFP		被解释变量：g	
	1998—2002 年	2003—2007 年	1998—2002 年	2003—2007 年
$taxfree$	0.295***	0.338***	0.579***	−0.561***
	(24.74)	(31.06)	(7.51)	(−38.04)
$export$	0.036***	−0.015**		
	(2.86)	(−2.49)		
rd	0.517***	0.331***	1.114***	1.984***
	(17.88)	(16.65)	(6.28)	(15.08)
$state$	−0.035	0.046***		
	(−0.78)	(4.90)		
$lerner$	0.510***	0.033		
	(3.35)	(0.97)		
fdi_effect	−0.076**	−0.057***		
	(−2.34)	(−6.14)		
i_market	0.031***	0.032***		
	(11.26)	(10.95)		
p_gdp	0.008	0.066***		
	(0.83)	(8.71)		

续表

变量	被解释变量：TFP		被解释变量：g	
	1998—2002 年	2003—2007 年	1998—2002 年	2003—2007 年
K			−0.205	0.004
			(−1.57)	(0.350)
L			0.201*	−0.037***
			(1.70)	(−3.55)
FD			7.612	5.297***
			(0.62)	(13.37)
_cons	7.622***	7.811***	8.193***	13.878***
	(53.57)	(187.14)	(4.81)	(14.01)
N	22149	67370	22149	67370

注：***、**、* 分别代表在 1%、5%、10% 的水平上显著（双尾），括号中为 z 统计量。

如表 5-5 所示，中央政府考核内容变化之前，税收减免政策对 TFP 的作用系数为 0.295，中央政府考核内容变化之后，税收减免政策对 TFP 的作用系数增大到 0.338，并且在 1% 的置信水平上显著；在对企业规模扩张的影响方面，2003 年之前，税收减免政策对企业产值增长率的影响系数为 0.579，且在 1% 的显著性水平上成立，2003 年及之后税收减免政策对企业产值增长率的影响系数为 −0.561，税收减免政策对企业规模扩张的影响由促进作用转变为抑制作用。

综上所述，中央政府的考核内容从"偏增长"向"重转型"的转变，改变了地方政府在不同任务上努力投入的配置，使税收减免政策对企业层面 TFP 的促进作用进一步提升，弱化了产业政策资源被错配于企业规模扩张的内在激励，进而有助于矫正地方政府对产业政策预期目标的扭曲程度。

在控制变量方面，如表 5-4、表 5-5 所示，企业出口对 TFP 的影响强度和影响方向由于产业政策变量的不同而存在较大差异。当产业政策以政府补贴衡量时，在中央政府考核内容发生变化之前和发生变化之后的不同时间段，企业出口对 TFP 的影响系数均为负；当产业政策以税收减免衡量时，中央政府考核内容的变化使得企业出口对 TFP 的影响由促进作用转变为抑制作用；新产品产值占比衡量了企业的研发投入，估计结果表明，总体上，企业研发投入对企业层面 TFP 有显著的正向影响，符合内生增长理论的预期；国有资本占比对企业层面 TFP 的作用随着考核内容的变化呈现出显著差异，在将经济增长速度作为重点进行考核的时期，国有资本占比对企业层面 TFP 的作用为负，而当中央政府的考核内容转向"促进产业结构的转型升级"时，国有资本占比的提高则显著促进了企业层面 TFP 的提升。

综合来看，中央政府考核内容的变化改变了所有制结构对企业层面 TFP 的作用效果，降低了国有化程度对企业层面 TFP 提升的抑制作用；关于市场竞争强度对企业层面 TFP 的影响，研究结果表明，两者都呈现显著的正相关关系；在以政府补贴作为产业政策变量的回归估计中，FDI 溢出效应对企业层面 TFP 具有促进作用，且在 1% 的显著性水平上成立。在以税收减免作为产业政策变量的回归估计中，FDI 溢出效应对企业层面 TFP 具有显著的负向影响，并且分别在 5% 和 1% 的显著性水平上成立；同时可以看出，当产业政策以不同的变量衡量时，市场化水平对企业层面 TFP 的作用存在较大差异，而总体来看，人均 GDP 的提高对企业层面 TFP 的改善有显著的促进作用。另外，检验结果表明，资本、劳动力的投入对企业产值增长率的影响随着产业政策和中央政府考核内容的变化而存在显著差异；中央政府与地方政府之间的财政分权程度、企业的研发投入对企业产值增长率都有显著的正向影响。

综上所述，中央政府考核内容的变化通过改变地方政府在不同任务上的努力配置，降低了产业政策对企业产值增长率的促进作用，提升了产业政策对企业全要素生产率的正向影响。但在理论上，也可能存在逆向的因果关系，即中央政府考核内容的变化使全要素生产率较高的企业更易获得产业政策的支持。表5-6则报告了企业获得产业政策支持影响因素的估计结果。

表5-6 获得产业政策支持影响因素的估计结果

变量	以政府补贴衡量产业政策		以税收减免衡量产业政策	
	1998—2002年	2003—2007年	1998—2002年	2003—2007年
TFP	0.511***	0.065***	2.491***	2.773***
	(5.64)	(4.52)	(34.28)	(22.38)
g	0.004	0.798***	0.323**	0.748***
	(0.32)	(8.21)	(1.96)	(16.55)
state	0.125**	0.081**	0.845***	0.494***
	(2.46)	(2.08)	(8.29)	(4.68)
scale	0.142	−0.011	5.693***	5.113***
	(0.47)	(−0.58)	(4.44)	(7.34)
FD	1.551	6.530**	0.929	7.419***
	(0.32)	(2.10)	(0.17)	(11.01)
_cons	10.843***	6.108***	−16.940***	−19.883***
	(8.37)	(13.78)	(−27.58)	(−18.63)
N	22149	67370	22149	67370

注：***、**、*分别代表在1%、5%、10%的水平上显著（双尾），括号中为z统计量。

由表5-6可以看出，在1998—2002年的子样本中，企业层面TFP对政府补贴的影响系数为0.511，且在1%的置信水平上显著，企业的产值增长率对政府补贴的影响系数为0.004，但在统计上并不显著；企业层面TFP对税收减免的影响系数为2.491，并且在1%的显著性水平上成立,企业的产值增长率对税收减免的影响系数为0.323,在5%的置信水平上显著;在2003—2007年的子样本中,企业层面TFP对政府补贴的影响系数为0.065,企业产值增长率对政府补贴的影响系数为0.798;企业层面TFP对税收减免的影响系数为2.773,企业产值增长率对税收减免的影响系数为0.748,并且均在1%的显著性水平上成立。也就是说,无论中央政府的考核内容是否发生变化,政府补贴和税收减免均倾向于扶持全要素生产率较高和产值增长率较大的企业。因而,一定程度上可以认为:中国的产业政策更接近于"选择性"的产业政策,而较少实施"功能性"的产业政策。

5.2.2 稳健性检验结果

为了检验结果的稳健性,本书对联立方程模型中的部分内生变量运用不同的衡量指标进行替换,进而对模型进行重新估计。其中,企业层面TFP用企业利润率来替换,企业的产值增长率用企业的库存增长率来替换,具体的估计结果见表5-7、表5-8和表5-9。

表5-7 中央政府考核内容的变化对政府补贴实施效果的影响(稳健性检验)

变量	被解释变量:g_profit		被解释变量:g_store	
	1998—2002年	2003—2007年	1998—2002年	2003—2007年
$subsidy$	0.052***	0.065***	0.174***	0.082***
	(13.80)	(19.66)	(4.81)	(6.11)
$export$	0.004	0.006		
	(1.08)	(0.98)		
rd	0.002**	−0.006***	0.016	0.038***
	(2.35)	(−2.93)	(0.58)	(6.64)
$state$	−0.001***	0.003		

续表

变量	被解释变量：g_profit		被解释变量：g_store	
	1998—2002 年	2003—2007 年	1998—2002 年	2003—2007 年
	(−0.19)	(1.21)		
$lerner$	0.087***	0.161***		
	(3.18)	(4.02)		
fdi_effect	0.027***	0.013*		
	(3.81)	(1.74)		
i_market	−0.002***	−0.005**		
	(−2.83)	(−2.49)		
p_gdp	0.009***	0.028***		
	(4.10)	(3.18)		
K			−0.299***	−0.017***
			(−13.36)	(−8.26)
L			0.203***	0.015***
			(11.86)	(10.07)
FD			1.115***	0.709***
			(12.95)	(7.41)
$\_cons$	−0.214**	0.205***	3.714***	4.155***
	(−8.38)	(3.44)	(15.67)	(38.01)
N	22149	67370	22149	67370

注：***、**、*分别代表在1％、5％、10％的水平上显著（双尾），括号中为 z 统计量。

从表5-7和表5-8可以看出，一方面，当中央政府考核内容发生变化后，政府补贴和税收减免政策对企业利润率的促进作用都有所增强。2003年之前，政府补贴对企业利润率的影响系数为0.052，且在1％的显著性水平上成立；2003年及之后政府补贴对企业利润率的影响系数上升为 0.065，并且仍然满足 1% 的显著性水平。对于税收减免政策，2003 年之前，其对企业利润率的作用系数为 0.043，2003 年及之后其对企业利润率的作用增大为 0.341，且均在 1% 的置信水平上显著。

表 5-8 中央政府考核内容的变化对税收减免政策效果的影响（稳健性检验）

变量	被解释变量：g_profit		被解释变量：g_store	
	1998—2002 年	2003—2007 年	1998—2002 年	2003—2007 年
$taxfree$	0.043***	0.341***	0.562***	−0.319***
	(3.32)	(3.98)	(12.94)	(−35.33)
$export$	0.062***	−0.008**		
	(11.47)	(−2.55)		
rd	0.041***	0.006***	0.062	0.016**
	(3.62)	(4.21)	(1.43)	(2.42)
$state$	−0.060***	−0.147***		
	(−15.54)	(−28.75)		
$lerner$	0.180***	0.973***		
	(3.03)	(17.01)		
fdi_effect	0.781***	0.789***		
	(83.99)	(60.83)		
i_market	0.007***	0.071***		
	(8.53)	(21.91)		
p_gdp	0.011***	−0.155***		
	(3.65)	(−17.42)		
K			−0.138	−0.181***
			(−0.53)	(−13.90)
L			−0.072	0.036*
			(−0.36)	(2.20)

续表

变量	被解释变量：g_profit		被解释变量：g_store	
	1998—2002 年	2003—2007 年	1998—2002 年	2003—2007 年
FD			−8.371***	0.869*
			(−4.58)	(1.77)
_cons	0.904***	0.283***	9.462***	5.758***
	(14.48)	(7.29)	(3.37)	(68.30)
N	22149	67370	22149	67370

注：***、**、*分别代表在1%、5%、10%的水平上显著（双尾），括号中为 z 统计量。

另一方面，中央政府考核内容的变化使得政府补贴和税收减免对企业库存增长率的促进作用显著下降。也就是说，中央政府对地方政府的考核内容由"偏增长"向"重转型"的转变，弱化了地方政府追求短期经济增长的激励，进而降低了产业政策对企业规模扩张（企业库存增长率）的正向效应。在获得产业政策支持的影响因素方面，稳健性检验结果中企业利润率、企业库存增长率对政府补贴和税收减免的影响系数与初步估计结果基本一致，仅在作用强度和显著性水平上存在差别（见表5-9）。综上所述，基于式(5-1)的估计结果是稳健的。

表5-9 获得产业政策支持的影响因素（稳健性分析）

变量	以政府补贴衡量产业政策		以税收减免衡量产业政策	
	1998—2002	2003—2007	1998—2002	2003—2007
g_profit	2.652***	1.959***	1.629***	1.937***
	(11.76)	(6.14)	(7.02)	(11.49)
g_store	0.574***	0.142***	0.185***	0.225***
	(5.10)	(19.05)	(16.82)	(44.65)
state	0.015***	−0.002	0.154*	−0.022

续表

变量	以政府补贴衡量产业政策		以税收减免衡量产业政策	
	1998—2002	2003—2007	1998—2002	2003—2007
	(4.17)	(−0.05)	(1.92)	(−0.96)
scale	−0.219***	−2.617***	2.339***	−3.548***
	(−3.23)	(−4.10)	(3.12)	(−17.25)
FD	0.709	−2.675**	−8.271**	1.875
	(1.01)	(−2.21)	(−2.39)	(1.35)
_cons	9.989***	9.106***	1.433***	−0.156
	(39.28)	(14.26)	(3.46)	(−0.46)
N	22149	67370	22149	67370

注：＊＊＊、＊＊、＊分别代表在1％、5％、10％的水平上显著（双尾），括号中为 z 统计量。

5.3 本章小结

本章通过构建一个分析单投入对多产出影响的联立方程模型，从经验层面考察了中央政府的考核内容由"偏增长"向"重转型"的转变对地方政府落实产业政策的努力投入，进而对产业政策实施效果的影响。研究表明，中央政府考核内容的变化使得政府补贴对企业层面 TFP 的促进作用增大了 28.8％，税收减免对企业层面 TFP 的促进作用增大了 14.6％；在对企业规模扩张的影响方面，中央政府考核内容的变化降低了政府补贴和税收减免对企业产值增长率的促进作用。进一步，通过替换部分内生变量对模型进行重新估计，初步估计结论仍然成立，表明回归结果是稳健的。综上所述，中央政府考核内容的变化对地方政府在促进产业升级和追求短期经济增长两项任务上的努力配置有重要影响。当面临强调实现产业升级的考核目标时，地方政府增强了落实产业政策的努力投入，弱化了地方政府将政策资源配置于追求短期经济增长的内在激励，进而有助于优化产业政策的实施效果。

第 6 章

财政分权程度对产业政策实施效果的影响

中国式分权治理模式对产业政策实施效果影响的深层次原因可以概括为以下两个方面：一是当中央政府的政策目标呈现出多任务特征时，中央政府的激励结构（对地方政府在不同任务上的激励）与不同任务上的预期产出是否相匹配；二是中央政府的预期目标与地方政府的最优化选择是否激励相容。从中央政府的激励结构与预期产出的匹配性视角出发，第 5 章研究了中央政府考核内容的变化对产业政策实施效果的影响；本章将基于中央政府与地方政府之间的激励相容条件，系统地考察中央政府与地方政府之间的财政分权程度对产业政策实施效果的作用。

现有研究大多侧重于分析财政分权对经济增长的影响，鲜有文献探讨财政分权对产业政策实施效果的作用。围绕财政分权对中国经济增长的影响，经济学家们积累了丰富的研究文献。张军和金煜（2005）的研究表明，虽然在分权的财政体系下，地方政府财政支出的增加显著提高了生产率的增长，但是政府对于银行贷款的干预却使生产率恶化。陈诗一和张军（2008）研究发现，分税制改革通过降低中央政府与地方政府之间的财政分权程度，显著改善了地方政府的财政支出效率。尽管上述文献并没有直接研究财政分权与产业政策实施效果之间的关系，但文献阐释的机理为本书提供了有益的启示，即财政分权能够通过改变地方政府的行为选择，进而对产业政策实施效果产生重要影响。

研究不同层级政府之间的分权程度对经济发展的影响，也是组织经济学所关注的重要议题。Li et al（2016）运用省直管县的准实验方法，研究了政府层级"扁平化"对经济增长的影响。他们发现，政府层级的"扁平化"提高了县级政府的财政转移支付收入，但却增大了省级政府的管辖范围，从而增加了省县之间协调难度，不利于省对县的监督。为了促进短期经济增长，省级政府将进一步加大投资力度，却导致严重的土地腐败问题。总体来看，政府层级机构的"扁平化"不利于经济发展。与Li et al（2016）的研究不同，本章从地方政府落实产业政策面临的激励与约束出发，研究中央政府与地方政府之间的财政分权程度对产业政策实施效果的影响，以增进人们对于中国式分权治理模式作用的进一步理解。

本章后续的安排如下：6.1节为研究设计，对本章的基本估计模型、估计方法、数据来源以及变量度量等内容进行介绍；6.2节报告了初步估计结果、考虑了内生性问题的估计结果和稳健性检验结果，并对结果进行分析；6.3节则对研究内容和研究结论进行总结。

6.1 研究设计

围绕第3章提出的有关财政分权的理论假说（假说2），本章将通过以下两个步骤进行实证检验：第一步，假定中央政府对地方政府的考核内容不变，研究中央政府与地方政府之间的财政分权程度对产业政策实施效果的影响；第二步，放松假定，研究中央政府考核内容发生变化的情况下，财政分权程度对产业政策实施效果影响的变化。实质上，第二步的内容可以理解为研究政治集权与经济分权对产业政策实施效果的综合影响。在这个意义上，第一步的经验检验结果是第二步研究的基础，提供了财政分权程度影响产业政策实施效果的比较基准。

6.1.1 模型设定

借鉴 Jaccard and Turrisi 的做法，引入财政分权程度与产业政策变量的交互项，将模型设定如下：

$$\ln TFP_{ijst} = \alpha_0 + \alpha_1 IP_{ijst} + \alpha_2 IP_{ijst} * FD_{st} + \alpha_3 FD_{st} + \theta_1 state_{ijst} + \theta_2 export_{jst} + \theta_3 rd_{st} + \theta_4 L_{st} + \theta_5 K_{st} + \theta_6 lerner_{st} + \theta_7 fdi\_effect_{st} + \theta_8 i\_market_{st} + \theta_9 p\_gdp_{st} + \gamma_{jst} + \varepsilon_{it}$$

$$(6-1)$$

在式(6-1)中，i 表示企业；j 表示产业；s 表示省；t 表示年份；TFP 为产业内企业层面的全要素生产率均值；IP 为产业政策变量，分别以政府补贴和税收减免来衡量；FD 为中央政府与地方政府之间的财政分权程度，$IP*FD$ 为产业政策与财政分权的交互项，衡量了财政分权对产业政策实施效果的影响，是模型（6-1）的核心解释变量。企业层面的控制变量包含：企业的国有资本占比（$state$）、企业的出口产值占比（$export$）、企业的研发投入（rd）、企业的劳动力投入（L）以及企业的资本投入（K）。产业层面的控制变量包含：市场竞争强度（$lerner$）和 FDI 水平溢出效应（fdi_effect）。地区层面的控制变量包含：地区市场化指数（i_market）和地区人均 GDP（p_gdp）。γ 用于控制个体固定效应，解决不随时间变化但随产业和地区变化的遗漏变量影响，如地区自然环境、区位空间差异等因素，ε 为残差项。

进一步，基于模型（6-1），将 1998—2007 年的企业样本以 2003 年为界分为两个子样本进行回归，研究当中央政府的考核内容发生变化时，财政分权程度对产业政策实施效果影响的变化。

6.1.2 估计方法讨论

1. 交互项估计和分组回归的区别和适用条件

在经验研究中，交互项估计和分组回归是两种常用于研究调节变量效应（研究调节变量对另外两个变量之间关系的影响）的估计方法，但两种方法具有不同的内涵，并且在适用条件上存在显著差异。首先，具体方法的选择与调节变量的属性有关。分组回归估计方法较为适用离散型的调节变量，而交互项估计方法能够研究连续型调节变量对另外两个变量之间关系的影响；其次，由于分组的主观性，分组回归估计方法更适合作为有明确分组依据的调节变量，而交互项估计方法不受此限制；最后，在交互项估计方法中，潜在的假定是其他控制变量对因变量的作用与调节变量不相关，而在分组回归估计方法中，模型的估计结果已经考虑了调节变量影响其他控制变量的边际效应。

在本章中，财政分权变量为连续变量，并且本章的主要目的是研究中央政府与地方政府之间的财政分权程度对产业政策作用于企业全要素生产率的调节效应，并不关注财政分权程度对其他控制变量与因变量之间关系的影响。因而，在第一步的估计中，将采用交互项估计方法进行研究。在第二步的估计中，考虑到中央政府考核内容变化的情形，由于中央政府考核内容的变化存在明确的分界点，且为二元离散变量，根据上文的分析，将采用分组回归估计方法进行研究。

2. 双向交互作用及其显著性检验

在经验研究中，当自变量 X 对因变量 Y 的影响随着第三个变量 Z 的变化而变化时，X 与 Y 之间的关系称为调节因果，其中 Z 称为调节变量，调节因果关系如图 6-1 所示。

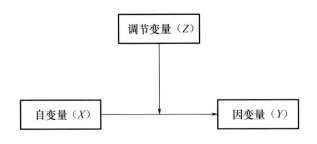

图 6-1 调节因果关系

Cohen et al（2003）提出了多元回归中分析交互作用的策略以及检验思路，为研究变量之间的调节因果关系提供了一个分析框架。例如，回归模型：

$$Y = \alpha + \beta_1 X + \beta_2 Z + \varepsilon \qquad (6-2)$$

其中，X、Z 为自变量，Y 为因变量。β_1 的含义为在控制 Z 对 Y 的影响下（即 Z 不变），X 变化 1 个单位引起的 Y 的变化，称为 X 对 Y 影响的主效应。如果理论分析表明，X 对 Y 的影响还依赖于 Z 的取值，即 Z 的变化将影响 X 对 Y 的作用系数，那么，可以将式(6-2)扩展为

$$Y = \alpha + \beta_1 X + \beta_2 Z + \beta_3 Z * X + \varepsilon \qquad (6-3)$$

在式(6-3)中，β_3 为 $Z * X$ 对 Y 的交互效应，判定交互效应对模型的解释力可通过如下的 F 检验进行，称为层级 F 检验。

$$F = \frac{(R_2^2 - R_1^2)/(k_2 - k_1)}{(1 - R_2^2)/(N - k_2 - 1)} \qquad (6-4)$$

在式(6-4)中，R_1 为式(6-2)的复相关系数，k_1 为式(6-2)中解释变量的个数，R_2 为式(6-3)的复相关系数，k_2 为式(6-3)中解释变量的个数，N 为总样本量，则 F 值服从 $k_2 - k_1$ 和 $N - k_2 - 1$ 个自由度的 F 分布。理论上，判断是否存在交互作用的常用方法是层级回

归法。加入交互效应时，如式(6-3)，模型估计的拟合优度为 R_2^2，未加入交互效应时，如式(6-2)，模型估计的拟合优度为 R_1^2。如果 X 与 Z 之间存在交互效应，那么 R_1^2 与 R_2^2 的差异统计是显著的，并可通过层级 F 检验判定其显著性。可以证明，当只在主效应模型中加入一个乘积项时，无须通过层级检验判定交互效应的显著性，因为层级检验的显著性与交互项系数的显著性（t 检验）具有相同的 p 值。相应地，通过层级 F 检验判定是否需要增加解释变量的方法，称为层级回归法。

对于自变量与交互项之间可能存在多重共线性的质疑，Cronbach（1987）的研究表明，如果自变量和调节变量都是随机变量，且服从正态分布，那么他们的交互项与其本身并不会产生多重共线性问题。Friedrich（1982）和 Cronbach（1987）进一步证明，"乘积项及组成项之间的共线性并不会使交互分析有问题，除非共线性高到足以破坏计算机代数运算的设计，使统计软件无法分离相关的标准误"。

3. 面板数据模型的估计及内生性处理

借鉴 Thieben（2001，2004）有关财政分权实证研究的做法，本章将分别运用混合最小二乘法（Pooled OLS）和固定效应模型（Fixed Effect Model）对式(6-1)进行估计。考虑到估计结果可能出现因逆向因果关系导致的内生性问题，本书试图寻找产业政策的工具变量，以替换式（6-1）中的交互项，并对模型做进一步的估计。

工具变量要求与核心解释变量相关，但不会对被解释变量产生直接影响。通过上文对财政分权、产业政策影响全要素生产率机制的分析，本书借鉴 Nunn and Trefler（2010）和 Aghion et al（2015）处理内生性的做法，分别计算政府补贴与收入法衡量的财政分权变量之间的相关系数（$Corr\_SR$）、税收减免与收入法衡量的财政分权变量之间的相关系数（$Corr\_TR$）、政府补贴与支出法衡量的财政分权变量之间的相关系数（$Corr\_SE$）、税收减免与支出法衡量的财政分权变量之间的相关系数（$Corr\_TE$）、政府补贴与财政自主度法衡量的财政分权变量之间的相关系数（$Corr\_SF$）以及税收减免与财政自主度法衡量的财政分权变量之间的相关系数（$Corr\_TF$），作为工具变量替换式(6-1)中对应的交互项变量，相关系数的计算公式如下：

$$\Omega_{js} = Corr(IP_{ijst}, FD_{it}) \qquad (6-5)$$

理论上，政府补贴和财政分权的相关系数与政府补贴相关，但与企业的全要素生产率无关，税收优惠和财政分权程度的相关系数与税收优惠相关，但同样与企业的全要素生产率无关。因此，以相关系数作为产业政策的工具变量是较为恰当的。

6.1.3 数据来源与变量度量

1. 数据来源

本章的数据主要来源于《中国工业企业数据库》（1998—2007），产业层面的数据采用企业层面的数据加总得出，并通过《中国工业经济统计年鉴》（1998—2007）对缺失的产业层面数据进行补全；宏观层面的数据（如各省人均GDP、财政收支）来源于《中国统计年鉴》（1998—2007）；市场化指数来源于《中国市场化指数报告》；计算FDI溢出效应的投入产出数据来自《2002年投入产出表》。在运用数据对模型进行拟合之前，本书对原始数据经过相应的处理，见5.2.2节中的介绍。

2. 变量度量

模型(6-1)中的变量度量见5.2.2节的有关内容，这里需要特别说明的是有关财政分权程度的度量方法。在现有的文献中，财政分权程度通常存在三种不同的衡量方法：基于财政收入法衡量的财政分权、基于财政支出法衡量的财政分权以及通过财政自主度法衡量的财政分权。

以收入法衡量的财政分权（FDR）具体含义为，地方预算内财政收入（LFR）占中央政府本级财政收入（CFR）的比重，计算公式如下：

$$FDR_{ij} = \frac{LFR_{ij}}{CFR_{ij}}$$

以支出法衡量的财政分权（FDE）具体含义为，地方财政预算内支出（LFE）占中央政府本级财政支出（CFE）的比重，计算公式如下：

$$FDE_{ij} = \frac{LFE_{ij}}{CFE_{ij}}$$

以财政自主度法衡量的财政分权（FDA）具体含义为，地方政府预算内收入（LFR）占中央政府本级财政支出（LFE）的比重，计算公式如下：

$$FDA_{ij} = \frac{LFR_{ij}}{LFE_{ij}}$$

值得注意的是，文献中关于财政分权的定义是基于不同国家的比较，其中央一级的财政收入（支出）是不同国家的财政收入。在有关中国财政分权的研究中，衡量财政分权指标的中央本级财政收入（支出）只存在时间序列上的变化，在同一截面上，不同的样本点（地区）之间并无变化。也就是说，在同一年份，不同地区财政分权指标只存在分子上的变化，分母并无变化，不同的地区对应着相同的中央政府本级财政收入（支出）。因而，以收入法和支出法衡量的财政分权实质上反映了不同地区财政收入和财政支出规模的大小。对于以财政自主度法衡量的财政分权，由于其通过财政收入与财政支出之比衡量，因而能够较好地体现地方政府依靠自有收入为其支出融资的能力。

在经验研究中，具体采用哪一种衡量指标则应视具体的研究问题而定。一般情形下，以收入法和支出法衡量的财政分权程度较为适合研究样本为时间序列数据的问题，以财政自主度法衡量的财政分权较为适合研究基于横截面数据的问题（陈硕和高琳，2012）。在本章中，拟在基本模型中采用收入法衡量的财政分权变量进行分析，在稳健性检验中，将依次选取支出法指标和财政自主度法衡量的财政分权变量进行估计。需要说明的是，由于预算外收入与地方政府的土地出让金密切相关，很大程度上受到宏观经济、土地政策以及房地产政策的影响，在样本区间呈现出较大的波动性；预算外支出则往往需要根据使用情况进行分项审批。因而，本章对财政分权程度的度量方法中均没有考虑预算外收入和预算外支出的影响。

6.2 计量检验结果及分析

本节首先报告了运用混合最小二乘法和固定效应模型对式(6-1)进行估计的结果；其次，报告了考虑到财政分权程度与产业政策实施效果之间可能存在的内生性问题后的估计结果；再次，报告了财政分权对产业政策实施效果影响的稳健性检验结果，具体做法是将收入法衡量的财政分权变量分别用支出法和财政自主度法衡量的财政分权变量进行替换，然后对模型进行估计；最后，放松中央政府考核内容不变的假定，将样本以2003年为界分为两组，对模型进行分组回归，以进一步分析政治集权与经济分权对产业政策实施效果的综合影响。

6.2.1 初步估计结果

表6-1为财政分权对产业政策实施效果的影响。在混合面板最小二乘法的回归估计中，财政分权与政府补贴的交互项对企业层面TFP

的作用系数为-0.312,并且在1%的显著性水平上成立。也就是说,当产业政策以政府补贴衡量时,财政分权程度每提高1个单位,政府补贴对企业层面TFP的促进作用降低31.2%;在固定效应模型的估计中,财政分权与政府补贴的交互项对企业层面TFP的作用系数为-0.111,且满足1%的显著性水平,即财政分权程度每提高1个单位,政府补贴对企业层面TFP的促进作用降低11.1%。当产业政策以税收减免衡量时,混合面板最小二乘法估计表明,财政分权与税收减免的交互项对企业层面TFP的影响系数为-0.293,在固定效应模型的估计中,财政分权与税收减免的交互项对企业层面TFP的影响系数为-0.087,并且均在1%的显著性水平上成立。即财政分权程度的提高,弱化了税收减免政策的实施效果。

综上所述,产业政策的实施效果与财政分权程度负相关,相对于税收减免政策,财政分权程度对政府补贴实施效果的抑制作用更大。可能的原因是,在税收法定的条件下,地方政府对于税收减免政策的干预能力较弱。对比基于不同估计方法的结果可以发现,固定效应模型的回归系数显著小于混合面板最小二乘法的回归系数。在现有的文献中,对于财政分权的研究,两种方法均获得了广泛的应用。两种方法的差异在于:固定效应模型假定每个省份存在个体效应,通过单个省份与组内均值的离差消除可能存在的个体效应,进而得到估计结果;混合面板最小二乘法假定省份不存在个体效应,得到的结果是产业政策与财政分权变量交互项的组内均值对企业层面TFP组内均值的影响系数。

在其他控制变量方面,从表6-1可以看出,资本投入、人均GDP对企业层面TFP的影响敏感地依赖于所使用的估计方法;对于企业产值出口、研发投入、国有资本占比、劳动力投入、市场竞争强度、FDI水平溢出效应、财政分权程度以及市场化水平等变量对企业层面TFP

的影响，在不同的估计方法中均得到了基本一致的估计结果。

表6-1 财政分权对产业政策实施效果的影响

	被解释变量：产业内企业 TFP 的均值			
	Pool OLS	Pool OLS	Fixed Effect	Fixed Effect
	(1)	(2)	(3)	(4)
$Sub*Rec$	-0.312***		-0.111***	
	(-17.16)		(-5.14)	
$Subsidy$	0.003**		0.005***	
	(2.21)		(3.40)	
$export$	-0.077***	-0.093***	-0.040***	-0.115***
	(-14.35)	(-40.37)	(-2.69)	(-18.46)
rd	0.012**	0.081***	0.031***	0.040***
	(2.17)	(24.66)	(5.77)	(13.63)
$state$	-0.219***	-0.222***	-0.070***	-0.062***
	(-58.03)	(-100.69)	(-14.40)	(-21.55)
L	0.170***	0.193***	0.025***	0.022***
	(125.05)	(297.79)	(18.86)	(36.09)
K	-0.131***	-0.096***	0.086***	0.090***
	(-64.85)	(-105.66)	(52.60)	(130.03)
$lerner$	0.326***	0.279***	0.186**	0.503***
	(8.35)	(15.07)	(2.05)	(11.79)
fdi_effect	0.028***	0.027***	0.345***	0.487***
	(3.51)	(7.14)	(20.40)	(65.16)

续表

	被解释变量：产业内企业 TFP 的均值			
	Pool OLS	Pool OLS	Fixed Effect	Fixed Effect
	(1)	(2)	(3)	(4)
FD	0.969***	2.153***	3.796***	1.387***
	(8.67)	(64.94)	(19.11)	(22.71)
i_market	0.244***	0.199***	0.009***	0.023***
	(223.31)	(357.09)	(5.68)	(30.14)
p_gdp	−0.334***	−0.079***	1.029***	1.006***
	(−102.06)	(−47.99)	(125.43)	(283.38)
Taxfree * Rec		−0.293***		−0.087***
		(−51.12)		(−15.84)
Taxfree		0.018***		0.003***
		(47.89)		(7.73)
_cons	12.201***	9.694***	−0.540***	−0.508***
	(235.97)	(397.54)	(−4.66)	(−9.69)
N	178330	908107	178330	908107
R2	0.620	0.580	0.665	0.647
adj. R2	0.620	0.580	0.382	0.438
F	2.4e+04	1.0e+05	1.6e+04	8.7e+04

注：括号内为对应估计系数的 t 值，***、**、*分别代表在1%、5%、10%水平上显著（双尾）；(1)、(3) 列的产业政策变量为政府补贴；(2)、(4) 列的产业政策变量为税收减免。

具体来看，政府补贴、税收减免政策能够促进企业层面 TFP 的改善，并且在1%水平上显著成立；企业出口对企业层面 TFP 的作用显著为负，这里的企业层面 TFP 为产业内的均值，因而，估计结果实质上反映了企业出口对其 TFP 作用的平均效果；企业的研发投入对 TFP 的提高具有积极的影响,且在1%的水平上显著。另外,估计结果表明,企业国有资本占比的提高不利于TFP的提升,劳动力投入的增加对企业层面TFP的提高有显著的正向作用;Lerner指数对企业层面TFP的影响为负,表明一定程度上的垄断地位有利于企业层面TFP的提高;而FDI水平溢出效应、地区的市场化水平与企业层面TFP正相关。财政分权的系数反映了当产业政策变量取值为0时,财政分权本身对企业层面TFP的影响,表6-1表明,财政分权程度的提高有利于企业层面TFP的提升,可能的原因是财政分权的提高更有利于发挥分权的信息优势。但考虑到地方政府在不同任务上努力投入的变化,在总体上,财政分权程度的提高不利于产业政策实施效果的进一步优化。

6.2.2　内生性检验结果

本书运用产业政策与调节变量的相关系数替换两者之间的交互项,以检验财政分权对产业政策实施效果的影响,从而克服财政分权与产业政策实施效果之间可能存在的内生性问题,财政分权对产业政策实施效果影响的内生性检验见表6-2。

表6-2　财政分权对产业政策实施效果影响的内生性检验

	被解释变量:产业内企业TFP的均值			
	Pool OLS	Pool OLS	Fixed Effect	Fixed Effect
	(1)	(2)	(3)	(4)
$Corr\_SR$	-0.145***		-0.053	
	(-13.67)		(-1.37)	
$Subsidy$	0.016***		0.001*	
	(26.56)		(1.78)	
$export$	-0.084***	-0.096***	-0.040**	-0.102***

续表

	被解释变量：产业内企业 TFP 的均值			
	Pool OLS	Pool OLS	Fixed Effect	Fixed Effect
	(1)	(2)	(3)	(4)
	(−13.55)	(−34.40)	(−2.40)	(−15.15)
rd	−0.006	−0.074***	−0.032***	−0.042***
	(−0.95)	(−19.36)	(−5.08)	(−12.19)
$state$	−0.201***	−0.216***	−0.066***	−0.060***
	(−48.37)	(−88.04)	(−12.30)	(−19.03)
L	0.170***	0.192***	0.019***	0.017***
	(108.66)	(246.42)	(12.46)	(24.18)
K	−0.134***	−0.099***	0.093***	0.095***
	(−57.67)	(−92.19)	(49.50)	(115.88)
$lerner$	0.323***	0.214***	0.195*	0.439***
	(7.31)	(9.84)	(1.86)	(9.51)
FD	0.045***	0.029***	0.332***	0.415***
	(4.82)	(6.41)	(17.16)	(49.08)
fdi_effect	3.034***	1.182***	2.821***	1.011***
	(44.22)	(43.82)	(15.87)	(14.62)
i_market	0.241***	0.198***	0.006***	0.020***
	(191.37)	(301.77)	(3.39)	(23.05)
p_gdp	−0.328***	−0.083***	1.077***	1.041***
	(−87.80)	(−42.35)	(116.08)	(251.42)
$Corr\_TR$		−0.041***		−0.009***
		(−6.31)		(−5.29)
$Taxfree$		0.001***		0.002***
		(6.97)		(11.44)
$\_cons$	12.078***	9.905***	−0.951***	−0.749***

续表

	被解释变量：产业内企业 TFP 的均值			
	Pool OLS	Pool OLS	Fixed Effect	Fixed Effect
	(1)	(2)	(3)	(4)
	(206.90)	(343.54)	(−7.18)	(−12.82)
N	138523	653275	138523	653275
$R2$	0.615	0.576	0.670	0.657
$adj. R2$	0.615	0.576	0.392	0.452
F	1.8e+04	7.4e+04	1.3e+04	6.5e+04

注：括号内为对应估计系数的 t 值，＊＊＊、＊＊、＊分别代表在1％、5％、10％的水平上显著（双尾）；(1)、(3) 列的产业政策变量为政府补贴；(2)、(4) 列的产业政策变量为税收减免。

从表 6-2 可以看出，在核心解释变量与调节变量的相关系数对企业层面 TFP 的影响方面，应用混合面板最小二乘法和固定效应模型进行回归的结果基本一致。具体而言，财政分权程度每提高 1 个单位，政府补贴对企业层面 TFP 的促进作用大约降低 5.3％～14.5％，税收减免对企业层面 TFP 的促进作用降低 0.9％～4.1％，并且均在 1％ 的置信水平上显著。综上所述，考虑到产业政策与企业层面 TFP 之间可能存在的内生性问题后，对模型的估计结果表明，财政分权程度对产业政策实施效果具有负向的影响。

6.2.3 稳健性检验结果

为了验证估计结果的稳健性，下文将以收入法衡量的财政分权变量依次替换为以支出法衡量的财政分权变量和以财政自主度法衡量的财政分权变量，并对模型(6-1)做进一步估计，财政分权对产业政策实施效果影响的稳健性检验见表 6-3 和表 6-4。

表 6-3 财政分权对产业政策实施效果影响的稳健性检验（Ⅰ）

	被解释变量：产业内企业 TFP 的均值			
	Pool OLS	Pool OLS	Fixed Effect	Fixed Effect
	(1)	(2)	(3)	(4)
$Sub*Exp$	-0.258***		-0.141***	
	(-28.28)		(-8.08)	
$Subsidy$	-0.022***		-0.001	
	(-16.04)		(-0.70)	
$export$	-0.086***	-0.122***	-0.038**	-0.094***
	(-16.47)	(-53.54)	(-2.55)	(-15.36)
rd	0.005	-0.067***	-0.040***	-0.051***
	(0.88)	(-20.30)	(-7.51)	(-17.88)
$state$	-0.218***	-0.221***	-0.056***	-0.044***
	(-58.38)	(-101.16)	(-11.62)	(-15.75)
L	0.148***	0.185***	0.042***	0.059***
	(116.77)	(304.45)	(31.76)	(98.72)
K	-0.106***	-0.090***	0.074***	0.059***
	(-55.59)	(-105.97)	(43.85)	(84.21)
$lerner$	0.259***	0.243***	0.206**	0.456***
	(6.69)	(13.18)	(2.27)	(10.97)
FD	0.015*	0.028***	0.324***	0.383***
	(1.87)	(7.38)	(19.18)	(52.44)
fdi_effect	0.674***	1.770***	-2.073***	-4.124***
	(12.25)	(105.37)	(-22.64)	(-141.03)
i_market	0.236***	0.186***	0.025***	0.039***
	(218.61)	(333.69)	(15.13)	(53.90)
p_gdp	-0.332***	-0.074***	1.074***	1.129***
	(-104.04)	(-44.92)	(128.32)	(325.45)

续表

	被解释变量：产业内企业 TFP 的均值			
	Pool OLS	Pool OLS	Fixed Effect	Fixed Effect
	(1)	(2)	(3)	(4)
$Taxfree * Exp$		−0.132***		−0.085***
		(−46.56)		(−33.64)
$Taxfree$		0.019***		0.010***
		(42.27)		(26.14)
$\_cons$	12.188***	9.662***	−0.626***	−1.022***
	(240.71)	(400.64)	(−5.39)	(−20.20)
N	178330	908107	178330	908107
$R2$	0.628	0.584	0.667	0.664
$adj.\ R2$	0.628	0.584	0.385	0.465
F	2.5e+04	1.1e+05	1.6e+04	9.4e+04

注：括号内为对应估计系数的 t 值，***、**、* 分别代表在 1%、5%、10% 的水平上显著（双尾）；(1)、(3) 列的产业政策变量为政府补贴；(2)、(4) 列的产业政策变量为税收减免。

表 6-4　财政分权对产业政策实施效果影响的稳健性检验（Ⅱ）

	被解释变量：产业内企业 TFP 的均值			
	Pool OLS	Pool OLS	Fixed Effect	Fixed Effect
	(1)	(2)	(3)	(4)
$Sub * Fin$	−0.072***		−0.019***	
	(−23.90)		(−6.04)	
$Subsidy$	0.037***		0.015***	
	(16.85)		(6.34)	
$export$	−0.015***	−0.040***	−0.019	−0.088***
	(−2.90)	(−17.58)	(−1.35)	(−15.08)

续表

	被解释变量：产业内企业 TFP 的均值			
	Pool OLS	Pool OLS	Fixed Effect	Fixed Effect
	(1)	(2)	(3)	(4)
rd	-0.016***	-0.073***	-0.036***	-0.038***
	(-2.72)	(-22.17)	(-7.21)	(-13.83)
$state$	-0.204***	-0.208***	-0.017***	-0.025***
	(-53.63)	(-94.46)	(-3.71)	(-9.43)
L	0.145***	0.166***	0.083***	0.095***
	(104.39)	(250.88)	(64.96)	(160.22)
K	-0.097***	-0.061***	0.055***	0.049***
	(-47.63)	(-66.71)	(34.99)	(74.72)
$lerner$	0.329***	0.258***	0.136	0.368***
	(8.40)	(13.98)	(1.58)	(9.22)
FD	0.020**	0.012***	0.267***	0.383***
	(2.49)	(3.14)	(16.72)	(54.82)
fdi_effect	-0.529***	-0.223***	-2.222***	-2.314***
	(-24.36)	(-32.09)	(-83.47)	(-258.81)
i_market	0.266***	0.223***	0.064***	0.098***
	(227.65)	(397.56)	(40.72)	(133.30)
p_gdp	-0.287***	-0.034***	0.886***	0.722***
	(-82.73)	(-19.71)	(113.82)	(213.93)
$Taxfree*Fin$		-0.038***		-0.002**
		(-37.09)		(-2.17)
$Taxfree$		0.027***		0.001
		(36.42)		(1.60)
$\_cons$	11.815***	9.197***	2.215***	3.462***
	(224.33)	(371.17)	(19.90)	(69.01)
N	178330	908107	178330	908107
$R2$	0.616	0.581	0.703	0.691
$adj. R2$	0.616	0.581	0.452	0.509

续表

	被解释变量：产业内企业 TFP 的均值			
	Pool OLS	Pool OLS	Fixed Effect	Fixed Effect
	（1）	（2）	（3）	（4）
F	2.4e+04	1.0e+05	1.9e+04	1.1e+05

注：括号内为对应估计系数的 t 值，＊＊＊、＊＊、＊分别代表在1％、5％、10％的水平上显著（双尾）；（1）、（2）列的产业政策通过政府补贴来衡量；（3）、（4）列的产业政策通过税收减免来衡量。

基于混合面板最小二乘法的估计结果表明，当以支出法衡量财政分权时，财政分权程度每提高1个单位，政府补贴对企业层面 TFP 的促进作用下降25.8％，税收减免对企业层面 TFP 的促进作用下降13.2％，并且在1％的置信水平上显著；以财政自主度法衡量财政分权时，财政分权程度每提高1个单位，政府补贴对企业层面 TFP 的促进作用下降7.2％，税收减免对企业层面 TFP 的促进作用下降3.8％。基于固定效应模型的估计结果显示，当产业政策以政府补贴衡量时，以支出法衡量的财政分权程度对企业层面 TFP 的作用系数为－0.141，当产业政策以税收减免衡量时，以支出法衡量的财政分权对企业层面 TFP 的作用系数为－0.085，并且均在1％的置信水平上显著；当以财政自主度法衡量财政分权时，财政分权程度对政府补贴实施效果的作用系数为－0.019，对税收减免政策的影响系数为－0.002，也就是说，以财政自主度法衡量的财政分权对产业政策的实施效果同样具有负面影响。综上所述，通过替换核心解释变量对模型进行估计的结果表明，本章关于财政分权对产业政策实施效果的初步估计结果是稳健的。

6.2.4 中央政府考核内容发生变化情形下的估计结果

当中央政府对地方政府的考核内容发生变化时，财政分权对产业政策实施效果的影响也会随之发生变化，实证检验结果见表 6-5。从表中的（1）、(2) 列可以看出，中央政府的考核内容由"偏增长"向"重转型"的转变，使得 $Sub*Rec$ 对企业层面 TFP 的作用系数由 -0.110 增大为 -0.086，并且显著性水平也有所提高；从表 6-5 的 (3)、(4) 列可以发现，$Taxfree*Rec$ 对企业层面 TFP 的影响系数由 -0.216 增大为 -0.139，并且在 1% 的水平上显著。即中央政府的考核内容由强调经济增长转变为重视产业升级，使得财政分权对产业政策实施效果的抑制作用有所减弱。也就是说，强化中央政府在促进产业结构转型升级任务上的考核，一定程度上能够削弱中央政府与地方政府之间的财政分权程度对产业政策实施效果的负面影响。同时可以看出，尽管实证检验的部分结果不显著，但在总体上，政府补贴、税收减免对企业层面 TFP 均具有促进作用；在其他控制变量方面，企业出口对 TFP 存在负向影响，并且随着中央政府考核内容的变化，企业出口对 TFP 的负向作用在减弱；而研发投入对 TFP 的影响方向随着中央政府考核内容的变化而发生逆转：当中央政府的考核内容强调短期经济增长时，研发投入对企业层面 TFP 有负向影响；当中央政府的考核内容转变为重视产业结构转型升级时，研发投入对企业层面 TFP 则具有积极的作用，并且在 1% 的置信水平上显著。

表 6-5 财政分权对产业政策实施效果的影响（实证检验结果）

	被解释变量：产业内企业 TFP 的均值			
	1998—2002 年	2003—2007 年	1998—2002 年	2003—2007 年
	(1)	(2)	(3)	(4)
$Subsidy$	0.004	0.003		
	(1.56)	(1.42)		
$Sub*Rec$	$-0.110**$	$-0.086***$		
	(-2.47)	(-3.02)		
$export$	-0.033	-0.023	-0.011	$-0.057***$

续表

	被解释变量：产业内企业 TFP 的均值			
	1998—2002 年	2003—2007 年	1998—2002 年	2003—2007 年
	(1)	(2)	(3)	(4)
	(−0.86)	(−1.14)	(−0.80)	(−7.36)
rd	−0.027*	0.023***	−0.016**	0.045***
	(−1.86)	(3.82)	(−2.53)	(14.54)
$state$	−0.012	−0.019***	−0.008**	−0.019***
	(−1.50)	(−2.74)	(−1.97)	(−4.81)
L	0.094***	0.157***	0.139***	0.186***
	(11.01)	(87.08)	(41.86)	(228.97)
K	0.007	−0.041***	−0.014***	−0.073***
	(0.73)	(−20.80)	(−4.07)	(−98.39)
$lerner$	−0.067	0.261*	−0.039	0.236***
	(−0.35)	(1.86)	(−0.45)	(4.12)
fdi_effect	0.046	0.210***	0.029*	0.251***
	(1.04)	(9.06)	(1.72)	(26.09)
FD	3.162***	11.013***	−1.181***	14.008***
	(6.38)	(33.22)	(−7.95)	(118.46)
i_market	0.078***	0.017***	0.097***	0.014***
	(28.81)	(4.09)	(81.07)	(8.50)
p_gdp	1.912***	0.282***	2.148***	0.009
	(91.18)	(18.61)	(252.18)	(1.63)
$Taxfree$			0.001	0.006***
			(0.80)	(16.83)
$Taxfree*Rec$			−0.216***	−0.139***
			(−11.40)	(−22.61)
$\_cons$	−7.620***	7.122***	−9.362***	9.594***

续表

	被解释变量：产业内企业 TFP 的均值			
	1998—2002 年	2003—2007 年	1998—2002 年	2003—2007 年
	(1)	(2)	(3)	(4)
	(−28.76)	(37.92)	(−84.34)	(128.88)
N	43276	95257	211041	442236
$R2$	0.486	0.612	0.557	0.641
$adj.\ R2$	−0.210	0.196	0.150	0.348
F	1449.396	6041.392	1.2e+04	3.6e+04

注：括号内为对应估计系数的 t 值，＊＊＊、＊＊、＊分别代表在 1%、5%、10% 的水平上显著（双尾）；(1)、(2) 列的产业政策通过政府补贴来衡量；(3)、(4) 列的产业政策通过税收减免来衡量。

另外，从表 6-5 可以看出，国有资本占比对企业层面 TFP 有负向影响；劳动力投入的增加有助于企业层面 TFP 的提升，而资本投入的增加却减小了企业层面 TFP。可能的原因是，从产业层面来看，企业资本投入的增加并没有提高产业内企业层面 TFP 的平均水平。也就是说，固定资产投资的作用倾向于促进企业的规模扩张，却没有用于提升企业的技术水平；以 lerner 指数衡量的市场竞争强度对企业层面 TFP 的作用随着考核内容的转变而从负向影响转变为正向影响；FDI 水平溢出效应对企业层面 TFP 具有促进作用。财政分权对企业层面 TFP 影响系数的含义为：当产业政策变量取值为 0 时，财政分权对企业层面 TFP 的影响。可以看出，整体而言，财政分权有利于企业层面 TFP 的提高，但具体效果与中央政府的考核内容密切相关；同时可以发现，地区层面的市场化水平以及人均 GDP 的提高，均有助于企业层面 TFP 的提升。

中央政府考核内容变化情形下财政分权对产业政策实施效果影响的内生性分析见表 6-6。由 (1)、(2) 列可以看出，当中央政府的考核内容更加重视产业结构的转型升级时,政府补贴与财政分权的相关系数对企业层面 TFP 的作用由 -0.128 增大为 -0.083;(3)、(4)列表明,当中央政府考核内容改变后,税收减免与财政分权的相关系数对企业层面 TFP 的作用则由 -0.185 增大为 -0.092,且在 5% 的置信水平上显著。因而,考虑了财政分权与产业政策实施效果之间可能存在的内生性问题后,有关政治集权和经济分权对产业政策实施效果综合影响的估计结论仍然成立。也就是说,中央政府的考核内容由"偏增长"向"重转型"的转变,能够降低财政分权对产业政策实施效果的负面影响。

表 6-6 中央政府考核内容变化情形下财政分权对产业政策实施效果影响的内生性分析

	被解释变量:产业内企业 TFP 的均值			
	1998—2002 年	2003—2007 年	1998—2002 年	2003—2007 年
	(1)	(2)	(3)	(4)
Subsidy	0.003***	0.002***		
	(4.30)	(3.11)		
Corr_SR	−0.128***	−0.083**		
	(−3.40)	(−2.58)		
export	−0.033	−0.023	−0.010	−0.055***
	(−0.86)	(−1.14)	(−0.77)	(−7.21)
rd	0.026*	−0.023***	0.016**	−0.045***
	(1.82)	(−3.80)	(2.53)	(−14.56)
state	−0.013	−0.019***	0.008**	−0.020***
	(−1.55)	(−2.74)	(1.96)	(−4.97)
L	0.094***	0.157***	0.139***	0.186***
	(11.05)	(87.07)	(41.88)	(228.58)
K	0.006	−0.040***	−0.015***	−0.073***
	(0.67)	(−20.75)	(−4.11)	(−98.24)

续表

	被解释变量：产业内企业 TFP 的均值			
	1998—2002 年	2003—2007 年	1998—2002 年	2003—2007 年
	(1)	(2)	(3)	(4)
$lerner$	−0.074	0.256*	−0.038	0.235***
	(−0.39)	(1.82)	(−0.44)	(4.10)
fdi_effect	0.045	0.212***	0.030*	0.252***
	(1.01)	(9.12)	(1.77)	(26.14)
FD	2.497***	10.509***	−1.247***	13.403***
	(6.00)	(36.55)	(−8.81)	(116.26)
i_market	−0.078***	−0.018***	−0.097***	0.012***
	(−28.88)	(−4.23)	(−81.07)	(7.25)
p_gdp	1.915***	0.284***	2.148***	0.018***
	(91.37)	(18.76)	(252.25)	(3.10)
$Taxfree$			0.002*	0.001***
			(1.95)	(8.43)
$Corr\_TR$			−0.185**	−0.092**
			(−2.64)	(−2.40)
$\_cons$	−7.597***	7.136***	−9.362***	9.561***
	(−28.66)	(38.00)	(−84.34)	(128.33)
N	43270	95253	211040	442235
$R2$	0.486	0.612	0.557	0.640
$adj.\ R2$	−0.210	0.196	0.150	0.347
F	1448.431	6039.969	1.2e+04	3.6e+04

注：括号内为对应估计系数的 t 值，***、**、* 分别代表在 1%、5%、10% 的水平上显著（双尾）；(1)、(2) 列的产业政策通过政府补贴来衡量；(3)、(4) 列的产业政策通过税收减免来衡量。

上文的分析表明，财政分权程度的提高强化了地方政府追求经济收益的内在激励，使得地方政府增加了在追求短期经济增长方面的努力投入，体现在企业层面，则助长了企业规模的扩张。由于中央政府的目标具有双重任务的特征，即中央政府既要确保短期的经济增长，又要努力促进产业结构的转型升级，并且两项任务之间的努力投入存在着潜在的替代性。因而，财政分权程度的提高将减少地方政府在促进产业结构转型升级上的努力投入，进而不利于产业政策实施效果的优化。进一步研究发现，中央政府能够通过强化对产业结构转型升级考核的激励，来增加地方政府在落实产业政策方面的努力投入，从而降低了财政分权程度对产业政策实施效果的负面影响。在政治集权与经济分权（财政分权）之间关系的研究上，Enikolopov and Zhuravskaya（2007）基于跨国数据的研究表明，政治集权对财政分权绩效的改善需要依赖一个强有力的政党；Rodriguez and Ezcurra（2010）、Altunbas and Thornton（2012）进一步给出了强力政党对地方官员的控制有助于增强财政分权绩效的经验证据。本章的实证研究表明，一定程度上的政治集权能够降低财政分权对产业政策实施效果的负面影响，在这个意义上，本章关于政治集权、经济分权对产业政策实施效果综合影响的研究是对现有文献的有益补充。

中央政府考核内容变化情形下财政分权对产业政策实施效果影响的稳健性检验，其结果见表 6-7 和表 6-8。从表 6-7 可以看出，当采用支出法衡量财政分权时，中央政府考核内容的变化使得财政分权对政府补贴实施效果的影响由 -0.051 增大为 -0.027，财政分权程度对税收减免政策效果的影响由 -0.085 增大为 -0.067；表 6-8 表明，当采用财政自主度法衡量财政分权时，中央政府考核内容的变化使得财政分权对政府补贴实施效果的负面影响由 -0.022 降低到 -0.012，对税收减免政策效果的负面影响由 -0.014 减小为 -0.004。

因而可以认为，本章的初步估计结果是稳健的。在控制变量方面，表6-7和表6-8均显示，政府补贴、税收减免对企业层面TFP具有正向影响；企业出口与企业层面TFP之间负相关；研发投入对企业层面TFP的影响与中央政府的考核目标有关；国有资本占比的提高不利于企业层面TFP的提升；劳动力投入对TFP的作用显著为正，资本投入对TFP的作用显著为负；市场竞争强度对企业层面TFP的影响方向依赖于中央政府的考核目标；FDI水平溢出效应对企业层面TFP有促进作用。在地区层面，企业层面TFP与市场化水平负相关、与人均GDP正相关，并且均在1%的置信水平上显著。

表6-7 中央政府考核内容变化情形下财政分权对产业政策实施效果影响的稳健性检验（Ⅰ）

	被解释变量：产业内企业TFP的均值			
	1998—2002年	2003—2007年	1998—2002年	2003—2007年
	(1)	(2)	(3)	(4)
$Sub*Exp$	−0.051*	−0.027**		
	(−1.91)	(−1.99)		
$Subsidy$	0.004	0.006***		
	(1.32)	(2.84)		
$export$	−0.034	−0.054***	−0.006	−0.082***
	(−0.90)	(−2.59)	(−0.45)	(−10.55)
rd	0.027*	−0.050***	0.015**	−0.075***
	(1.89)	(−8.24)	(2.42)	(−23.78)
$state$	−0.010	−0.021***	0.008**	−0.020***
	(−1.22)	(−2.94)	(1.97)	(−4.98)
L	0.117***	0.180***	0.138***	0.226***

续表

	被解释变量：产业内企业 TFP 的均值			
	1998—2002 年	2003—2007 年	1998—2002 年	2003—2007 年
	(1)	(2)	(3)	(4)
	(13.86)	(104.34)	(41.19)	(301.52)
K	-0.032^{***}	-0.026^{***}	-0.014^{***}	-0.056^{***}
	(-3.40)	(-13.49)	(-3.71)	(-74.40)
$lerner$	-0.056	0.442^{***}	-0.052	0.389^{***}
	(-0.29)	(3.12)	(-0.61)	(6.67)
fdi_effect	0.038	0.311^{***}	0.012	0.341^{***}
	(0.86)	(13.29)	(0.67)	(34.93)
FD	0.019	-2.960^{***}	-0.169^{***}	-3.585^{***}
	(0.09)	(-19.26)	(-2.83)	(-62.53)
i_market	-0.074^{***}	-0.036^{***}	-0.098^{***}	-0.007^{***}
	(-27.42)	(-8.74)	(-83.14)	(-4.06)
p_gdp	1.897^{***}	0.526^{***}	2.166^{***}	0.263^{***}
	(91.28)	(30.59)	(262.32)	(37.70)
$Taxfree*Exp$			-0.085^{***}	-0.067^{***}
			(-3.78)	(-22.61)
$Taxfree$			0.002^{***}	0.009^{***}
			(3.12)	(18.56)
$\_cons$	-7.097^{***}	5.421^{***}	-9.546^{***}	7.907^{***}
	(-27.39)	(26.89)	(-88.00)	(96.67)
N	43276	95257	211041	442236

续表

	被解释变量：产业内企业 TFP 的均值			
	1998—2002年	2003—2007年	1998—2002年	2003—2007年
	(1)	(2)	(3)	(4)
$R2$	0.485	0.604	0.557	0.629
$adj.\ R2$	−0.212	0.182	0.150	0.327
F	1443.827	5862.806	1.2e+04	3.4e+04

注：括号内为对应估计系数的 t 值，＊＊＊、＊＊、＊分别代表在1％、5％、10％的水平上显著（双尾）；(1)、(2) 列的产业政策变量为政府补贴；(3)、(4) 列的产业政策变量为税收减免。

表6-8 中央政府考核内容变化情形下财政分权对产业政策实施效果影响的稳健性检验（Ⅱ）

	被解释变量：产业内企业 TFP 的均值			
	1998—2002年	2003—2007年	1998—2002年	2003—2007年
	(1)	(2)	(3)	(4)
$Sub*Fin$	−0.022＊＊＊	−0.012＊＊＊		
	(−2.75)	(−3.24)		
$Subsidy$	0.014＊＊	0.012＊＊＊		
	(2.44)	(4.00)		
$export$	−0.035	−0.040＊＊	−0.011	−0.057＊＊＊
	(−0.92)	(−1.97)	(−0.81)	(−7.59)
rd	0.027＊	−0.041＊＊＊	0.015＊＊	−0.062＊＊＊
	(1.89)	(−6.86)	(2.42)	(−20.34)
$State$	−0.011	−0.009	0.009＊＊	−0.009＊＊
	(−1.42)	(−1.31)	(2.03)	(−2.41)
L	0.101＊＊＊	0.172＊＊＊	0.140＊＊＊	0.229＊＊＊
	(12.10)	(102.34)	(41.72)	(316.52)

续表

	被解释变量：产业内企业 TFP 的均值			
	1998—2002 年	2003—2007 年	1998—2002 年	2003—2007 年
	(1)	(2)	(3)	(4)
K	−0.015*	−0.014***	−0.006*	−0.060***
	(−1.88)	(−7.53)	(−1.74)	(−82.84)
$lerner$	−0.066	0.285**	−0.035	0.255***
	(−0.35)	(2.08)	(−0.41)	(4.52)
fdi_effect	0.039	0.250***	0.031*	0.247***
	(0.90)	(11.04)	(1.84)	(26.10)
FD	0.292***	−2.106***	−0.131***	−2.086***
	(4.63)	(−49.91)	(−7.53)	(−141.97)
i_market	−0.080***	−0.060***	−0.094***	−0.090***
	(−26.70)	(−13.56)	(−69.97)	(−50.98)
p_gdp	1.929***	0.325***	2.137***	0.041***
	(85.42)	(22.06)	(232.98)	(7.19)
$Taxfree*Fin$			−0.014*	−0.004***
			(1.88)	(−4.36)
$Taxfree$			0.003**	0.001
			(2.04)	(1.57)
$\_cons$	−7.619***	7.771***	−9.351***	11.297***
	(−27.82)	(42.06)	(−82.79)	(154.21)
N	43276	95257	211041	442236
$R2$	0.486	0.628	0.557	0.653
$adj.R2$	−0.211	0.230	0.150	0.371
F	1446.411	6468.103	1.2e+04	3.8e+04

注：括号内为对应估计系数的 t 值，***、**、* 分别代表在 1%、5%、10%的水平上显著（双尾）；(1)、(2) 列的产业政策变量为政府补贴；(3)、(4) 列的产业政策变量为税收减免。

6.3 本章小结

本章研究了中央政府与地方政府之间的财政分权程度对产业政策实施效果的影响。理论上，作为代理人的地方政府，其行为选择应是贯彻落实中央政府（委托人）的任务目标，而中央政府根据地方政府在不同任务上的产出，对其主要官员进行提拔和调动。但在现实中，地方政府（官员）除了追求政治收益的最大化之外，还有获取经济收益的内在激励。当中央政府的目标具有追求短期经济增长和促进产业升级的双重任务特征时，地方政府的努力投入既可能配置于落实产业政策、促进产业升级又可能配置于追求短期的经济增长、支持或默许企业实现规模扩张。进一步，地方政府的努力投入如何配置则不仅取决于其政治收益，而且还与其经济收益密切相关。

本章的经验研究表明，中央政府与地方政府之间的财政分权程度每提高 1 个单位，政府补贴对企业层面 TFP 的促进作用下降 $11.1\%\sim31.2\%$，税收减免对企业层面 TFP 的促进作用下降 $8.7\%\sim29.3\%$。而中央政府对地方政府的考核内容由"偏增长"向"重升级"的转变，能够降低财政分权对产业政策实施效果的负面影响，使得财政分权程度对政府补贴实施效果的作用系数下降了 2.4%，对税收减免实施效果的作用系数下降了 7.7%。根据本章的研究结论可以发现：在落实产业政策、促进产业升级方面，中央政府与地方政府存在着一定的利益冲突。尽管财政分权程度的提高，降低了地方政府实施产业政策过程中（地方政府与企业之间）的信息不对称程度，但地方政府追求经济收益的动机使得财政分权不利于产业政策实施效果的优化。因而，通过政治上保持中央政府的权威，加强对地方政府在产业升级方面的考核要求，将有助于弱化财政分权对产业政策实施效果的负面影响。进一步，考虑到中国经济正在经历发展转型和体制转型的现实背景，地区之间在经济发展水平和市场化程度上呈现出巨大的差异。那么，在不同的经济发展阶段和市场化水平下，中国式分权治理模式对产业政策实施效果的影响是否也存在差别，这将是本书第 7 章研究的主要议题。

第 7 章

双重转型背景下中国式分权治理模式对产业政策实施效果影响的差异

　　进入 21 世纪,围绕发展中国家的产业政策,经济学家逐渐将研究视角转向分析特定国家的制度结构对产业政策实施效果的影响。中国式分权治理模式通过政治集权与经济分权两种渠道影响了地方政府落实产业政策的努力投入,进而导致不同的政策效果。前文研究表明,一方面,中央政府的考核内容由"偏增长"向"重转型"的转变,强化了地方政府落实产业政策努力投入的激励,有助于产业政策实施效果的优化;但另一方面,由于地方政府具有追求经济收益的内在激励,使得中央政府与地方政府之间的财政分权程度对产业政策实施效果产生了显著的负面影响。

　　进一步,在产业政策实施过程中,中央政府考核内容的变化、中央政府与地方政府之间的财政分权程度对产业政策实施效果的影响还与哪些因素有关?这些因素能否在强化考核内容转变对产业政策实施效果正向效应的同时,弱化财政分权程度对产业政策实施效果的负面影响?厉以宁(2013)认为,从欠发达国家向发达国家的发展转型和从计划经济向市场经济的体制转型(双重转型)是当前中国经济发展的主要任务,也是实现中国经济长期发展目标的主要挑战。本章将结合"双重转型"的现实背景,运用 1998—2007 年中国工业规模以上企业层面的样本数据,从经验层面研究不同的经济发展水平和市场化进程下,中央政府考核内容的变化、中央政府与地方政府之间的财政分权程度对产业政策实施效果影响的差异，进而为制定和实施更为"精准的产业政策"提供理论参考。

本章后续的安排如下：7.1 节为研究设计，分别从模型设定与变量说明、估计方法讨论和内生性处理及稳健性检验等方面介绍了实证研究的整体思路；7.2 节是模型的估计结果以及对结果的进一步分析；7.3 节为本章小结。

7.1 研 究 设 计

在计量方法的选择上，本章主要涉及分组回归和交互项回归的方法。在初步估计中，主要运用分组回归的方法，具体包括三部分内容[①]：第一，研究在不同经济发展水平的地区，中央政府考核内容的变化对产业政策实施效果影响的差异，为叙述方便，下文称为"人均 GDP 对考核内容变化影响的调节效应"；第二，分析不同的经济发展水平下，财政分权对产业政策实施效果的影响差异，下文称为"人均 GDP 对财政分权影响的调节效应"；第三，分析不同的市场化水平下，财政分权对产业政策实施效果的影响差异，下文称为"市场化水平对财政分权影响的调节效应"。在稳健性检验中，拟采用交互项回归的方法对模型做进一步估计。

7.1.1 模型设定与变量说明

1. 人均 GDP 对考核内容变化影响的调节效应

在研究策略上：首先，按照 1998—2007 年各省人均 GDP 均值是否

---

① 第 3 章的理论分析表明，市场化水平主要通过财政分权的渠道影响产业政策的实施效果，因而，本章将忽略市场化水平对中央政府考核内容变化影响的调节效应。

大于20700元，将样本分为低人均GDP组和高人均GDP组两个子样本；其次，运用不同的子样本，研究中央政府考核内容变化前后，产业政策对企业层面TFP影响的变化；最后，基于不同子样本的估计结果，比较中央政府考核内容变化对产业政策实施效果影响的差异。具体估计模型如下：

$$\ln TFP_{ijst} = \alpha_0 + \alpha_{11} IP_{ijst} + \alpha_{12} export_{ijst} + \alpha_{13} state_{ijst} + \alpha_{14} rd_{ijst} + \alpha_{15} lerner_{jst} + \alpha_{16} fdi\_effect_{jt} + \alpha_{17} i\_market_{st} + \gamma_{ijs} + \varepsilon_{ijst} \quad (7-1)$$

在式（7-1）中，i 表示企业；j 表示产业；s 表示省；t 表示年份；TFP 为产业内企业层面的全要素生产率均值；IP 为产业政策变量，分别以政府补贴和税收减免来衡量；$export$ 为企业出口产值占比；$state$ 为企业国有资本占比；rd 表示企业研发投入；$lerner$ 为勒纳指数，衡量了市场竞争强度；fdi_effect 为外商直接投资的水平溢出效应；i_market 为市场化指数；γ 用于控制个体固定效应，解决不随时间变化但随产业和地区变化的遗漏变量影响，如地区自然环境、区位空间差异等因素；ε 为残差项。

《东亚经济发展报告》（2006）将人均GDP在3000美元到12000美元之间的经济体定义为中等收入水平的经济体。本章将以东亚经济发展报告中定义的中等收入水平经济体应达到的GDP为基准（汇率以1美元兑换6.9元人民币计，则为20700元），将样本分为两组。① 在考核内容的变化上，以2003年为界，1998—2002年为"强调经济增长阶段"，2003—2007年为"重视产业升级阶段"。

2. 人均GDP、市场化水平对财政分权影响的调节效应

在模型（6-1）基础上，通过调整控制变量，得到用于分组回归估计的基准模型。

$$\ln TFP_{ijst} = \alpha_0 + \alpha_1 IP_{ijst} + \alpha_2 IP_{ijst} \times FD_{st} + \alpha_3 FD_{st} + \theta_1 state_{ijst} +$$

---

① 12000美元对应82800元人民币，但样本中不存在人均GDP大于82800元的观察值。

$$\theta_2 export_{jst} + \theta_3 rd_{st} + \theta_4 L_{st} + \theta_5 K_{st} + \theta_6 lerner_{st} +$$
$$\theta_7 fdi\_effect_{st} + \theta_8 X_{st} + \gamma_{jst} + \varepsilon_{it} \quad (7-2)$$

在式(7-2)中,当基于人均 GDP 分组时,X 为地区的市场化水平(i_market);当基于市场化水平分组时,X 为地区的人均 GDP(p_gdp)。对于人均 GDP 的调节效应,本章分别运用低人均 GDP 子样本和高人均 GDP 子样本进行估计,进而比较不同经济发展水平(人均GDP)下,财政分权对产业政策实施效果影响的差异;对于市场化水平的调节效应,本章则将样本升序排列后三等分,即以样本 1/3 处对应的市场化水平(6.53)和样本 2/3 处对应的市场化水平(8.99)为界分为三组,形成弱市场化水平地区、中等市场化水平地区和强市场化水平地区三个子样本,进而分析不同的市场化水平下,财政分权对产业政策实施效果影响的差异。

7.1.2 估计方法讨论

借鉴 Enikolopov and Zhuravskaya(2007)的做法,本章在初步估计中,通过面板数据固定效应模型进行实证检验。在稳健性分析中,进一步在面板数据固定效应模型的基础上引入了三向交互项变量,以研究人均 GDP、市场化水平对考核内容变化、财政分权影响产业政策实施效果的调节效应。这里的三向交互项是指 $X*Z$ 对 Y 的交互效应又受到变量 M 的影响,其影响系数即为模型中 $X*Z*M$ 的系数。基于杰卡德和图里西的系统研究,包含三向交互项变量的标准"层级完整建构"模型如下:

$$Y = \alpha_0 + \alpha_1 XZ + \alpha_2 XM + \alpha_3 MZ + \alpha_4 XMZ + \alpha_5 X + \alpha_6 M + \alpha_7 Z + \alpha_8 Q + \varepsilon_{it}$$
$$(7-3)$$

在式(7-3)中,α_5、α_6、α_7、α_8 衡量自变量 X、M、Z 和 Q 的主

效应，α_1、α_2、α_3 衡量自变量 X、M、Z 彼此之间对 Y 的双向交互作用，α_4 衡量 $X*Z$ 对 Y 的影响随 M 的变化而产生的三向交互作用。

一般情形下，传统的交互分析使用层级完整建构模型。层级完整建构模型的含义为：所有高阶交互项涉及的变量组成的低阶交互项均应被包含在模型中。在实际建模中，通常是基于层级完整建构模型，采用逆向排除法逐步消除对因变量缺乏解释力的低阶交互项和"主效应"调节变量，进而确定回归模型。其中逆向排除法对"待排除"变量的选取原则是：依据理论分析，筛选与被解释变量没有直接关联的交互项，或者基于层级 F 检验比较包含"待排除"交互项与不包含"待排除"交互项模型对被解释变量的拟合程度，进而判定是否能够排除理论上选取的"待排除"交互项。

7.1.3　内生性处理及稳健性检验

为了避免因逆向因果关系导致的内生性问题，本章将选取产业政策变量的工具变量，并应用系统广义矩估计（SYS-GMM）方法对模型做进一步检验。在理论上，工具变量应与解释变量相关，但与被解释变量无关。因产业政策具有一定的延续性，滞后一期的产业政策变量（政府补贴或税收减免）与当期的产业政策变量之间存在较强的相关性，但滞后一期的产业政策变量不会受到当期全要素生产率（被解释变量）的影响。因而，本章将选取产业政策变量滞后一期的值作为产业政策的工具变量。广义矩估计方法最早由 Arellano and Bond 采用，用于解决模型可能存在的内生性问题。其基本思路为：首先对回归方程进行一阶差分变换，得到差分方程，然后将解释变量滞后一期作为工具变量对差分方程进行估计，这种估计方法也被称为差分广义矩估计（DIF-GMM）。但差分广义矩估计容易受弱工具变量的影响而产生有限样本偏误，Arellano and Bover 在差分广义矩估计的基础上，通过引入水平方程的矩条件，将滞后变量的一阶差分作为水平方程的工具变量，提出了系统广义矩估计方法（SYS-GMM），从而解决了差分广义矩估计可能存在的弱工具变量问题。

为了验证初步估计结果的稳健性，本书进一步采用交互项回归方法。在模型（6-1）的基础上，通过增加有关变量的交互项，建立了层级完整建构模型，并运用逆向排除法依次消除对被解释变量缺乏解释力的交互项和单阶项，所得模型①如下：

$$\ln TFP_{ijst} = \alpha_0 + \alpha_1 IP_{ijst} + \alpha_2 IP_{ijst} * FD_{st} + \alpha_3 TJ_{st} * IP_{ijst} * FD_{st} + \alpha_4 state_{ijst} + \alpha_5 export_{ijst} + \alpha_6 rd_{ijst} + \alpha_7 L_{ijst} + \alpha_8 K_{ijst} + \alpha_9 lerner_{jst} + \alpha_{10} fdi\_effect_{jst} + \alpha_{11} i\_market_{st} + \alpha_{12} p\_gdp_{st} + \gamma_{jst} + \varepsilon_{it} \quad (7-4)$$

在式（7-4）中，当调节变量 TJ 选取人均 GDP 时，模型研究了不同的经济发展水平下，财政分权对产业政策实施效果影响的差异。当调节变量 TJ 选取市场化水平时，模型则研究了当经济体的市场化水平发生变化时，财政分权对产业政策实施效果的影响将产生怎样的变化。

7.2 计量检验结果及分析

7.2.1 初步估计结果

1. 经济发展阶段的影响

表7-1和表7-2报告了运用不同子样本对模型（7-1）进行估计的结果，反映了人均 GDP 对考核内容变化影响的调节效应。由表7-1

---

① 基于理论分析和层级 F 检验，本章的计量模型中并未包含财政分权控制变量、产业政策变量与人均 GDP 的交互项和人均 GDP 与财政分权变量的交互项。

可以看出，在人均 GDP 较低的地区，中央政府考核内容的变化，使得政府补贴对企业层面 TFP 的影响系数由 0.132 上升到 0.183，增大了 38.6%；而中央政府考核内容的变化使得税收减免对企业层面 TFP 的作用系数由 0.083 增大到 0.111，提升了 33.7%；表 7-2 显示，在人均 GDP 较高的地区，中央政府考核内容的变化使得政府补贴对企业层面 TFP 的促进作用由 0.133 增大为 0.163，提升了 22.6%，使得税收减免对企业层面 TFP 的正向影响由 0.078 增大到 0.093，提高了 19.2%。也就是说，相较于人均 GDP 较高的地区，在人均 GDP 较低的地区，中央政府考核内容的变化对优化产业政策实施效果的作用更大，即人均 GDP 的提高，降低了中央政府考核内容的变化对产业政策实施效果的正向影响。

表 7-1 基于低人均 GDP 组子样本的估计结果

	被解释变量：产业内企业 TFP 的均值			
	1998—2002 年	2003—2007 年	1998—2002 年	2003—2007 年
	(1)	(2)	(3)	(4)
$Subsidy$	0.132**	0.183*		
	(2.23)	(1.85)		
$export$	−0.053	0.015	0.061**	0.007
	(−0.55)	(0.25)	(2.00)	(0.47)
rd	0.027	0.001	0.037***	−0.017***
	(0.95)	(0.07)	(3.10)	(−3.10)
$state$	−0.004	−0.002	0.010	−0.002
	(−0.34)	(−0.27)	(1.47)	(−0.44)
L	−0.111***	0.083***	0.023***	0.154***
	(−7.21)	(27.96)	(4.40)	(135.61)
K	0.279***	0.051***	0.198***	−0.009***
	(18.12)	(14.84)	(34.10)	(−8.08)

续表

	被解释变量：产业内企业 TFP 的均值			
	1998—2002 年	2003—2007 年	1998—2002 年	2003—2007 年
	(1)	(2)	(3)	(4)
$lerner$	-0.251	-0.219	-0.223	0.047
	(-0.72)	(-0.76)	(-1.49)	(0.54)
fdi_effect	-0.124	0.126**	-0.242***	0.186***
	(-1.21)	(2.41)	(-6.88)	(10.75)
i_market	-0.078***	0.252***	-0.077***	0.213***
	(-10.47)	(33.00)	(-26.41)	(79.35)
$Taxfree$			0.083*	0.111***
			(1.79)	(2.66)
$\_cons$	-7.074***	8.005***	-9.074***	10.456***
	(-16.12)	(23.57)	(-52.37)	(97.25)
N	18031	34236	98760	199991
$R2$	0.484	0.592	0.531	0.624
$adj. R2$	-0.249	0.130	0.101	0.317
F	698.186	2331.282	5829.726	1.8e+04

注：括号内为对应估计系数的 t 值，***、**、* 分别代表在 1%、5%、10%的水平上显著（双尾）。

表 7-2 基于高人均 GDP 组子样本的估计结果

	被解释变量：产业内企业 TFP 的均值			
	1998—2002 年	2003—2007 年	1998—2002 年	2003—2007 年
	(1)	(2)	(3)	(4)
$Subsidy$	0.133*	0.163***		
	(1.93)	(3.89)		
$export$	-0.064*	-0.059***	-0.066***	-0.100***

续表

	被解释变量：产业内企业 TFP 的均值			
	1998—2002 年	2003—2007 年	1998—2002 年	2003—2007 年
	(1)	(2)	(3)	(4)
	(−1.91)	(−3.02)	(−5.47)	(−11.89)
rd	0.014	−0.059***	−0.005	−0.090***
	(1.00)	(−9.50)	(−0.80)	(−26.12)
$state$	0.001	−0.021*	0.002	−0.023***
	(0.13)	(−1.92)	(0.42)	(−3.76)
L	0.250***	0.254***	0.272***	0.310***
	(31.90)	(123.64)	(66.77)	(326.61)
K	−0.212***	−0.102***	−0.201***	−0.142***
	(−28.02)	(−44.99)	(−55.52)	(−149.04)
$lerner$	0.331*	0.559***	0.220**	0.486***
	(1.69)	(3.84)	(2.48)	(6.83)
fdi_effect	0.237***	0.283***	0.201***	0.283***
	(5.94)	(12.14)	(12.71)	(26.29)
i_market	−0.041***	−0.045***	−0.091***	0.034***
	(−13.53)	(−6.96)	(−65.18)	(11.83)
$Taxfree$			0.078***	0.093***
			(3.40)	(15.43)
$\_cons$	−4.851***	11.463***	−8.988***	16.549***
	(−16.48)	(42.65)	(−71.38)	(140.30)
N	25245	61021	112281	242245
$R2$	0.568	0.674	0.641	0.694
$adj.\ R2$	0.002	0.336	0.310	0.446
F	1437.104	6197.156	1.0e+04	3.0e+04

注：括号内为对应估计系数的 t 值，***、**、* 分别代表在 1%、5%、10%的水平上显著（双尾）。

根据上述研究结论，可以认为中央政府考核内容的变化对产业政策实施效果的正向影响在欠发达地区更为明显。因此，对于欠发达地区，在产业政策的实施过程中，中央政府应加强对地方政府落实产业政策努力投入的激励，通过增加促进产业升级的考核权重来推动地区产业结构的转型升级；对于发达地区，中央政府考核内容的变化对地方政府落实产业政策努力投入的激励效应较弱，相比于欠发达地区，更为重要的是通过降低地方政府追求经济收益的内在激励，增强地方政府在产业结构转型升级上的努力投入，以促进产业政策实施效果的进一步优化。

表7-3报告了人均GDP对财政分权影响产业政策实施效果的调节效应。从表7-3可以看出，在低人均GDP组子样本中，财政分权对政府补贴实施效果的影响系数为-0.122，在高人均GDP组子样本中，财政分权对政府补贴实施效果的影响系数为-0.041，并且均在1%的置信水平上显著；税收减免方面，在低人均GDP组子样本中，财政分权的影响系数为-0.098，且在5%的显著性水平上成立，在高人均GDP组子样本中，财政分权的影响系数增大为-0.071，并且在1%的置信水平上显著。也就是说，随着人均GDP的提高，财政分权对产业政策实施效果的负面影响在逐步弱化。

表7-3 人均GDP对财政分权影响产业政策实施效果的调节效应

	被解释变量：产业内企业TFP的均值			
	低人均GDP组	高人均GDP组	低人均GDP组	高人均GDP组
	(1)	(2)	(3)	(4)
$Sub*Rec$	-0.122***	-0.041***		
	(-3.26)	(-2.77)		
$Subsidy$	0.102	0.082***		
	(0.61)	(3.54)		
$export$	0.074	-0.062***	-0.050**	-0.099***

续表

	被解释变量：产业内企业 TFP 的均值			
	低人均 GDP 组	高人均 GDP 组	低人均 GDP 组	高人均 GDP 组
	(1)	(2)	(3)	(4)
	(1.50)	(−3.04)	(−2.20)	(−12.24)
rd	−0.006	−0.033***	−0.002	−0.059***
	(−0.44)	(−5.68)	(−0.26)	(−17.24)
$state$	−0.014*	−0.049***	−0.016***	−0.042***
	(−1.65)	(−5.01)	(−3.37)	(−8.99)
L	0.046***	0.061***	0.091***	0.055***
	(12.83)	(32.49)	(49.39)	(63.86)
K	0.108***	0.028***	0.086***	0.031***
	(28.28)	(13.81)	(61.33)	(35.35)
$lerner$	−0.353	0.519***	0.105	0.587***
	(−1.19)	(4.21)	(0.95)	(9.63)
fdi_effect	0.230***	0.317***	0.325***	0.389***
	(4.21)	(12.81)	(14.37)	(34.96)
I_market	0.145***	0.056***	0.155***	0.064***
	(24.23)	(31.05)	(63.14)	(72.40)
FD	−22.561***	10.254***	−28.595***	6.877***
	(−20.84)	(26.92)	(−72.18)	(70.54)
$Tax*Rec$			−0.098**	−0.071***
			(−2.00)	(−6.96)
$Taxfree$			0.081	0.072***
			(1.27)	(2.64)
$\_cons$	2.681***	3.311***	3.967***	2.931***
	(7.43)	(17.74)	(28.47)	(34.83)

续表

	被解释变量：产业内企业 TFP 的均值			
	低人均 GDP 组	高人均 GDP 组	低人均 GDP 组	高人均 GDP 组
	(1)	(2)	(3)	(4)
N	52267	86266	298751	354526
$R2$	0.670	0.734	0.671	0.723
$adj. R2$	0.670	0.734	0.671	0.723
F	2195.427	1.5e+04	1.8e+04	7.1e+04

注：括号内为对应估计系数的 t 值，＊＊＊、＊＊、＊分别代表在1%、5%、10%的水平上显著（双尾）。

可能的原因是，随着经济发展水平的提高，其产业将更趋分散，呈现出日益多元化的特征。尽管财政分权程度的强化意味着地方政府有更强的激励获得经济收益，但地方政府在追求短期经济增长和促进产业升级两项任务上的努力替代效应将逐渐减弱。进而降低了财政分权对产业政策实施效果的负面影响。例如，在经济较为发达的地区，地方政府往往具有更高的积极性和主动性去实施"腾笼换鸟"战略，以实现产业结构的转型升级。

2. 市场化水平的影响

第3章的理论分析表明，中国式分权治理模式对产业政策实施效果的影响还与地区的市场化水平密切相关。表7-4报告了不同的市场化水平下中央政府与地方政府之间的财政分权程度对产业政策实施效果的影响。从表7-4可以看出，在市场化水平均值小于6.53的地区，财政分权程度对政府补贴实施效果的作用系数为-0.118，对税收减免政策效果的作用系数为-0.331；在市场化水平均值介于6.53和8.99之间的地区，财政分权程度对政府补贴实施效果的作用系数为-0.067，对税收减免政策效果的作用系数为-0.284；在市场化水平均值大于8.99

的地区，财政分权程度对政府补贴实施效果的作用系数则增大为－0.047，对税收减免政策效果的作用系数增大为－0.093，并且均在1%的置信水平上显著。

表7-4 不同的市场化水平下中央政府和地方政府之间的财政分权程度对产业政策实施效果的影响

	被解释变量：产业内企业TFP的均值					
	M<6.53	6.53<M<8.99	M>8.99	M<6.53	6.53<M<8.99	M>8.99
	(1)	(2)	(3)	(4)	(5)	(6)
$Sub*Rec$	－0.118***	－0.067***	－0.047***			
	(－4.59)	(－3.36)	(－3.93)			
$Subsidy$	0.005	0.015***	0.005**			
	(1.08)	(2.63)	(2.55)			
$export$	0.084	－0.024	－0.040*	－0.005	－0.101***	－0.103***
	(1.57)	(－0.84)	(－1.95)	(－0.20)	(－5.66)	(－10.57)
$state$	－0.012	－0.012	－0.066***	－0.014***	－0.018***	－0.059***
	(－1.34)	(－1.39)	(－9.62)	(－2.84)	(－3.57)	(－16.24)
L	0.006*	0.025***	0.019***	0.047***	0.041***	0.017***
	(1.69)	(8.55)	(11.65)	(26.67)	(21.93)	(21.08)
K	0.143***	0.010***	0.092***	0.104***	0.033***	0.095***
	(32.18)	(4.43)	(44.96)	(54.42)	(30.57)	(112.14)
$lerner$	－0.036	－0.071	0.192	0.244**	0.198	0.438***
	(－0.19)	(－0.22)	(1.01)	(2.54)	(1.49)	(5.59)
fdi_effect	0.222***	0.226***	0.330***	0.369***	0.251***	0.415***
	(3.73)	(7.01)	(12.70)	(15.32)	(14.10)	(35.36)

续表

	被解释变量：产业内企业 TFP 的均值					
	M<6.53	6.53<M<8.99	M>8.99	M<6.53	6.53<M<8.99	M>8.99
	(1)	(2)	(3)	(4)	(5)	(6)
p_gdp	0.612***	1.213***	1.075***	0.505***	1.030***	1.038***
	(25.26)	(81.20)	(86.09)	(46.56)	(161.01)	(201.23)
FD	−37.706***	9.982***	3.513***	−44.668***	4.082***	1.376***
	(−22.64)	(15.56)	(12.83)	(−88.05)	(12.77)	(15.87)
$Taxfree*Rec$				−0.331***	−0.284***	−0.093***
				(−3.70)	(−11.54)	(−13.40)
$Taxfree$				0.021	0.015***	0.033***
				(0.71)	(8.94)	(6.54)
$\_cons$	3.410***	−1.830***	−0.970***	4.586***	−0.288**	−0.744***
	(11.28)	(−5.41)	(−4.46)	(32.76)	(−1.98)	(−8.21)
N	36550	57434	138533	180213	278233	653277
$R2$	0.700	0.739	0.670	0.715	0.694	0.657
$adj.\ R2$	0.700	0.739	0.670	0.715	0.694	0.657
F	1916.001	1.4e+04	1.2e+04	1.4e+04	4.9e+04	5.3e+04

注：括号内为对应估计系数的 t 值，***、**、* 分别代表在1%、5%、10%的水平上显著（双尾）。

因而可以认为，随着市场化水平的提升，财政分权程度对产业政策实施效果的负面影响在逐步弱化。市场化水平衡量了经济体的体制转型进程，在向市场化转型过程中的不同阶段，各个地区不仅在财政分权程度上存在差异，而且其产业政策的实施效果也存在差别。贾俊雪

(2015) 将财政分权视为一个国家市场化改革的重要方面。在他看来，财政分权程度的提高既是一个国家市场化改革的结果，又是市场化水平提高的重要体现。在产业政策作用效果的差异方面，孙早和席建成的研究表明，产业政策的作用与经济体的市场化水平密切相关，当市场化水平超越某一临界点时，产业政策的积极作用将实现倍增。黄先海等（2015）的研究表明，产业政策存在一个以行业竞争程度等行业异质性为特征的最优实施空间，产业政策若偏离其最优实施空间，政策效果就可能会背离政策制定者的初衷。与已有文献相比，本章的研究揭示了市场化影响产业政策的另一个重要渠道，即在财政分权的体制下，不同地区市场化水平的差异影响了地方政府在不同任务上的努力配置水平，进而导致了不同的政策效果。

7.2.2 SYS-GMM 估计结果

正如 King et al 所指出的，内生性是实证研究需要考虑的主要问题之一。按照定义，内生性是指模型中的一个或多个解释变量与随机扰动项相关，其来源可能与以下两个因素有关：模型遗漏重要解释变量和解释变量与被解释变量之间存在逆向的因果效应。在初步估计中，固定效应模型缓解了因遗漏重要解释变量而产生的内生性问题，但却无法排除解释变量与被解释变量之间存在的逆向因果效应。例如，初步估计结果表明，人均 GDP 的提高弱化了财政分权程度对产业政策实施效果的负面影响。但也有可能的是，在人均 GDP 较高的地区，财政分权程度的提高弱化了企业层面 TFP 对获得产业政策支持的正向影响。研究发现，采用系统广义矩估计方法（SYS-GMM）能够有效克服因逆向因果效应而产生的内生性。表 7-5 和表 7-6 报告了基于 SYS-GMM 方法进行估计的结果。

表 7-5 低人均 GDP 组的估计结果（SYS-GMM）

	被解释变量：产业内企业 TFP 均值			
	1998—2002 年	2003—2007 年	1998—2002 年	2003—2007 年
	(1)	(2)	(3)	(4)
$L.subsidy$	0.016***	0.024***		
	(3.39)	(2.64)		
$export$	-0.098**	0.076***	-0.181***	0.047***
	(-2.22)	(3.51)	(-9.21)	(5.59)
rd	0.148***	-0.085***	0.083***	-0.085***
	(3.49)	(-3.51)	(3.75)	(-6.91)
$state$	-0.051***	-0.039***	-0.090***	-0.073***
	(-3.38)	(-2.79)	(-12.04)	(-8.12)
L	0.297***	-0.004	0.335***	-0.000
	(8.40)	(-1.29)	(23.55)	(-0.05)
K	0.313***	0.091***	0.442***	0.094***
	(7.54)	(23.14)	(26.52)	(56.11)
$lerner$	-0.368*	-0.568***	-0.531***	-0.750***
	(-1.65)	(-3.24)	(-5.28)	(-9.97)
fdi_effect	-0.042	-0.189***	0.136***	-0.045***
	(-0.58)	(-4.71)	(4.78)	(-2.60)
i_market	0.191***	0.508***	0.151***	0.478***
	(14.62)	(72.51)	(22.59)	(125.89)
$L.taxfree$			0.023***	0.033***
			(11.39)	(3.63)

续表

	被解释变量：产业内企业TFP均值			
	1998—2002年	2003—2007年	1998—2002年	2003—2007年
	(1)	(2)	(3)	(4)
_cons	−1.043***	10.316***	−2.336***	9.633***
	(−3.32)	(44.62)	(−16.24)	(88.88)
$AR(1)-p$	0.000	0.000	0.000	0.000
$AR(2)-p$	0.166	0.153	0.181	0.169
$Sargan\ test-p$	0.317	0.242	0.316	0.334
$Hansen\ test-p$	0.353	0.281	0.343	0.369
N	10845	24745	59444	135853

注：括号内为对应估计系数的t值，***、**、*分别代表在1%、5%、10%的水平上显著（双尾）。

表7-6 高人均GDP组的估计结果（SYS-GMM）

	被解释变量：产业内企业TFP的均值			
	1998—2002年	2003—2007年	1998—2002年	2003—2007年
	(1)	(2)	(3)	(4)
$L.subsidy$	0.026***	0.038***		
	(4.02)	(3.39)		
$export$	0.016	−0.099***	−0.096***	−0.086***
	(0.93)	(−14.18)	(−13.89)	(−31.41)
rd	0.074***	−0.017**	0.027**	−0.020***
	(3.52)	(−2.45)	(2.38)	(−4.77)
$state$	0.026*	−0.036**	0.038***	−0.011
	(1.87)	(−2.48)	(5.68)	(−1.41)
L	0.348***	0.367***	0.443***	0.367***

续表

	被解释变量：产业内企业 TFP 的均值			
	1998—2002 年	2003—2007 年	1998—2002 年	2003—2007 年
	(1)	(2)	(3)	(4)
	(25.46)	(198.48)	(67.12)	(390.56)
K	−0.253***	−0.217***	−0.185***	−0.196***
	(−18.39)	(−84.15)	(−30.89)	(−181.77)
$lerner$	−0.460***	0.458***	0.001	0.392***
	(−3.62)	(7.64)	(0.02)	(12.19)
fdi_effect	0.124***	0.044***	0.182***	0.060***
	(4.44)	(3.87)	(12.80)	(10.54)
i_market	0.213***	−0.019***	0.199***	−0.058***
	(88.01)	(−5.11)	(182.73)	(−44.65)
$L.taxfree$			0.022**	0.027***
			(1.97)	(15.04)
$\_cons$	15.013***	18.310***	12.406***	17.150***
	(86.22)	(213.65)	(114.59)	(366.50)
$AR(1)-p$	0.000	0.000	0.000	0.000
$AR(2)-p$	0.154	0.131	0.172	0.173
$Sargan\ test-p$	0.296	0.211	0.303	0.294
$Hansen\ test-p$	0.323	0.263	0.216	0.398
N	14856	46316	66769	171870

注：括号内为对应估计系数的 t 值，***、**、*分别代表在1%、5%、10%的水平显著（双尾）。

为了考察工具变量的有效性，在表中报告了 $AR(1)$、$AR(2)$、Sargan test 和 Hansen test 的结果。其中，$AR(1)$ 和 $AR(2)$ 用于检验残差项是否存在一阶和二阶序列相关，Sargan test 和 Hansen test 用于检验工具变量的有效性,即检验约束条件是否存在过度限制问题。

从 AR(1) 和 AR(2) 的检验结果可以看出,在所有的回归中,残差项不存在一阶和二阶序列相关;Sargan test 和 Hansen test 的结果表明,不能拒绝"工具变量至少有一个有效"的原假设。由表7-5、表7-6可以看出,基于低人均 GDP 组的估计中,中央政府考核内容的变化使得政府补贴对企业层面 TFP 的促进作用增大了 50%,税收减免对企业层面 TFP 的促进作用提高了 43.5%;基于高人均 GDP 组的估计中,中央政府考核内容的变化使得政府补贴对企业层面 TFP 的促进作用增大了 46.2%,税收减免对企业层面 TFP 的促进作用提高了 22.7%。综上所述,通过引入工具变量,考虑了因逆向因果效应而产生的内生性问题后,SYS-GMM 的估计系数大部分在 1% 的置信水平上显著,并且在影响方向和影响大小上与初步估计结果中对应的系数基本一致,从而进一步增强了研究发现的可靠性。

表7-7报告了不同的人均 GDP 水平下财政分权程度对产业政策实施效果影响的内生性估计结果。从表7-7可以看出,政府补贴、税收减免与财政分权程度的交互项对企业层面 TFP 的影响与初步估计结果基本一致,并且均在 1% 的置信水平上显著。

表7-7 不同的人均 GDP 水平下财政分权程度对产业政策实施效果影响的内生性估计结果

	被解释变量:产业内企业 TFP 均值			
	低人均 GDP 组	高人均 GDP 组	低人均 GDP 组	高人均 GDP 组
	(1)	(2)	(3)	(4)
L.sub * Rec	−2.968***	−1.550***		
	(−7.73)	(−17.85)		
L.subsidy	0.088***	0.541***		
	(6.71)	(17.42)		

续表

	被解释变量：产业内企业 TFP 均值			
	低人均 GDP 组	高人均 GDP 组	低人均 GDP 组	高人均 GDP 组
	(1)	(2)	(3)	(4)
$export$	−0.101***	−0.136***	−0.094***	−0.136***
	(−4.41)	(−9.54)	(−9.64)	(−28.02)
rd	−0.076***	0.032**	−0.087***	−0.017**
	(−2.78)	(2.30)	(−6.41)	(−2.49)
$state$	−0.099***	−0.047**	−0.104***	−0.001
	(−7.71)	(−2.20)	(−14.14)	(−0.16)
L	0.055***	0.225***	0.090***	0.251***
	(13.75)	(70.26)	(51.30)	(200.32)
K	0.027***	−0.120***	0.020***	−0.124***
	(5.42)	(−30.50)	(9.57)	(−89.66)
$lerner$	−0.129	0.869***	−0.205***	1.049***
	(−0.75)	(7.65)	(−2.80)	(19.11)
fdi_effect	0.003	0.146***	0.100***	0.176***
	(0.06)	(6.00)	(5.67)	(17.28)
I_market	0.401***	0.225***	0.389***	0.192***
	(73.47)	(81.60)	(131.31)	(179.43)
FD	30.648***	−35.243***	14.579***	−3.790***
	(13.93)	(−18.22)	(75.45)	(−29.03)
$L.tax*Rec$			−0.339***	−0.286***
			(−8.46)	(−22.37)
$L.taxfree$			0.010***	0.056***
			(5.16)	(21.16)
$\_cons$	9.271***	17.787***	9.690***	13.716***
	(38.81)	(76.99)	(87.01)	(178.88)

续表

	被解释变量：产业内企业 TFP 均值			
	低人均 GDP 组	高人均 GDP 组	低人均 GDP 组	高人均 GDP 组
	(1)	(2)	(3)	(4)
AR（1）-p	0.000	0.000	0.000	0.000
AR（2）-p	0.957	0.528	0.634	0.828
Sargan test-p	0.331	0.325	0.423	0.321
Hansen test-p	0.411	0.376	0.555	0.475
N	35590	61173	195299	238644

注：括号内为对应估计系数的 t 值，＊＊＊、＊＊、＊分别代表在1％、5％、10％水平上显著（双尾）。

表7-8报告了在不同的市场化水平下财政分权对产业政策实施效果影响的内生性估计结果。可以看出，以政府补贴、税收减免滞后一期作为工具变量，采用 SYS-GMM 方法的研究表明，政府补贴、税收减免与财政分权程度的交互项对企业层面 TFP 的作用显著为负，并且在1％的显著性水平上成立。也就是说，市场化水平的提高能够进一步弱化财政分权对产业政策实施效果的负面影响，与初步估计中的研究结论一致。

表7-8 不同的市场化水平下财政分权对产业政策实施效果影响的内生性估计结果

	被解释变量：产业内企业 TFP 均值					
	$M<6.53$	$6.53<M<8.99$	$M>8.99$	$M<6.53$	$6.53<M<8.99$	$M>8.99$
	(1)	(2)	(3)	(4)	(5)	(6)
L.sub*Rec	-0.921***	-0.780***	-0.348***			
	(-7.84)	(-4.57)	(-8.87)			
L.sub	0.270***	0.140***	0.116***			
	(7.57)	(4.79)	(9.15)			

续表

	被解释变量：产业内企业 TFP 均值					
	$M<6.53$	$6.53<M<8.99$	$M>8.99$	$M<6.53$	$6.53<M<8.99$	$M>8.99$
	(1)	(2)	(3)	(4)	(5)	(6)
share	−0.085**	−0.037	0.007	−0.153***	−0.093***	−0.006***
	(−2.25)	(−1.52)	(1.43)	(−8.10)	(−8.38)	(−2.63)
rd	−0.081**	−0.001	−0.018***	−0.131***	−0.136***	−0.014***
	(−2.19)	(−0.04)	(−2.90)	(−6.73)	(−9.98)	(−3.16)
state	−0.112***	−0.078***	−0.067***	−0.127***	−0.069***	−0.026***
	(−6.95)	(−3.68)	(−5.87)	(−14.10)	(−6.46)	(−6.22)
L	0.003	0.325***	0.151***	0.039***	0.301***	0.232***
	(0.57)	(110.88)	(94.09)	(16.51)	(167.44)	(180.12)
K	0.067***	−0.247***	0.106***	0.071***	−0.153***	−0.064***
	(7.88)	(−58.91)	(24.45)	(18.46)	(−70.17)	(−38.23)
lerner	−0.122	0.561***	0.103***	−0.233**	0.278**	0.080***
	(−0.50)	(2.58)	(3.07)	(−2.10)	(2.50)	(3.57)
fdi_effect	−0.023	0.154***	0.021**	0.104***	0.110***	0.057***
	(−0.39)	(4.25)	(2.43)	(3.82)	(5.85)	(13.06)
P_gdp	−0.418***	−0.610***	−0.908***	−0.401***	−0.382***	−1.191***
	(−20.37)	(−53.48)	(−32.46)	(−39.98)	(−58.02)	(−106.26)
FD	80.020***	17.708***	−11.185***	27.147***	3.714***	−3.176***
	(8.76)	(8.26)	(−12.16)	(25.19)	(11.85)	(−57.44)
L.tax*Rec				−0.496***	−0.141*	−0.032*
				(−8.11)	(−1.85)	(−1.85)
L.taxfree				0.114***	0.007	0.001
				(17.10)	(1.30)	(0.78)

续表

	$M<6.53$	$6.53<M<8.99$	$M>8.99$	$M<6.53$	$6.53<M<8.99$	$M>8.99$
	\multicolumn{6}{c}{被解释变量：产业内企业 TFP 均值}
	(1)	(2)	(3)	(4)	(5)	(6)
_cons	9.205***	14.232***	16.061***	10.212***	12.619***	19.475***
	(23.71)	(48.86)	(62.37)	(66.86)	(93.91)	(186.19)
$AR(1)-p$	0.000	0.000	0.000	0.000	0.000	0.000
$AR(2)-p$	0.816	0.749	0.916	0.783	0.845	0.794
Sargan test$-p$	0.323	0.331	0.302	0.384	0.378	0.365
Hansen test$-p$	0.392	0.402	0.417	0.413	0.398	0.396
N	24627	40785	31351	117222	184866	131855

注：括号内为对应估计系数的 t 值，***、**、* 分别代表在 1%、5%、10%的水平上显著（双尾）。

7.2.3 稳健性检验结果

为了验证估计结果的稳健性，本书进一步采用三向交互项回归方法对模型进行估计。人均 GDP、市场化水平对财政分权程度影响产业政策实施效果的调节效应见表 7-9。在人均 GDP 的影响方面，从表 7-9 中的（1）、（2）列可以看出，$pgdp*Sub*Rec$ 对企业层面 TFP 的影响系数为 -0.063，$pgdp*Tax*Rec$ 对企业层面 TFP 的影响系数为 -0.080，并且均在 1%的置信水平上显著。也就是说，人均 GDP 越高的地区，财政分权程度对政府补贴实施效果的负面作用越弱，对税收减免政策效果的负面影响亦越弱，与初步估计结果一致。同时可以发现，政府补贴与财政分权程度的交互项、税收减免与财政分权程度的交互项对企业层面 TFP 的作用为负，且在 1%的显著水平上成立。需要说明的是，政府补贴、税收减免与财政分权程度的交互项系数反映了当人均 GDP 为 0 时，财政分权对政府补贴、税收减免实施效果的影响，即为政府补贴、税收减免与财政分权程度交互项[①]对企业层面 TFP 影响的"截距项"。$Subsidy$、$Taxfree$ 的系数衡量了财政分权程度为 0 时，政府补贴、税收减免对企业层面 TFP 的作用效果，也可以理解为以财政分权程度变量为自变量、以企业层面 TFP 为因变量构成的线性函数的"截距项"。估计结果表明，政府补贴、税收减免对企业层面 TFP 存在正向影响，且在 1% 的显著性水平上成立；这意味着，在理论上，如果产业政策能够不经过地方政府的传导而直接作用于企业，那么政府补贴每提高 1 个单位，产业内的企业层面 TFP 均值将提高 2.7%；税收减免每提高 1 个单位，产业内的企业层面 TFP 均值将提升 3.4%。事实上，在不同的经济发展阶段，产业政策的作用也存在显著差异。Farla (2014) 研究发现，产业政策在不同发展水平的国家扮演着不同的角色：在中等收入水平的国家，产业政策倾向于"亲商业"（Pro-business），而在高收入水平的国家，产业政策更多地表现为"亲市场"（Pro-market）。在实施效果上，"亲商业"的产业政策对经济增长具有积极的作用，而"亲市场"的产业政策对经济增长则没有产生显著的影响。

在市场化水平的影响方面，从表 7-9 中的 (3)、(4) 列可以看出，经济体的市场化水平每提高 1 个单位，财政分权程度对政府补贴实施效果的负面影响约降低 2.7%，对税收减免政策效果的负面影响则下降 2.1%。也就是说，市场化水平的提高有助于弱化财政分权程度对产业政策实施效果的负面影响。因而，坚持市场化的改革方向，能够从根本上降低地方政府追求短期经济增长的内在激励，促进经济体的市场化改革与政府实施产业政策在一定程度上是条件相容的。另外，$Sub * Rec$ 的系数（反映了市场化水平为 0 时，财政分权程度对政府补贴实施效

---

① $IP_{ijst} * FD_{st}(a_2 + a_3 P\_gdp_{st})$

果的影响）为 -0.042，影响不显著；$Taxfree*Rec$ 的系数（反映了市场化水平为 0 时，财政分权程度对税收减免政策效果的影响）为 -0.138，且在 1% 的置信水平上显著。这表明财政分权对产业政策实施效果具有负面效应，与本书第 6 章的估计结果一致。

表 7-9 人均 GDP、市场化水平对财政分权程度影响产业政策实施效果的调节效应（稳健性分析）

	被解释变量：产业内企业 TFP 的均值			
	人均 GDP 的影响		市场化水平的影响	
	(1)	(2)	(3)	(4)
$pgdp*Sub*Rec$	-0.063^{***}			
	(-3.56)			
$pgdp*Tax*Rec$		-0.080^{***}		
		(-4.82)		
$Sub*Rec$	-0.074^{***}		-0.042	
	(-4.22)		(-0.83)	
$Subsidy$	0.027^{***}		0.004^{**}	
	(3.42)		(2.16)	
$export$	-0.039^{*}	0.030	-0.041^{**}	0.029
	(-1.91)	(0.81)	(-1.97)	(0.80)
rd	-0.031^{***}	0.084^{***}	-0.032^{***}	0.084^{***}
	(-5.07)	(8.37)	(-5.13)	(8.38)
$state$	-0.065^{***}	0.019^{*}	-0.066^{***}	0.019^{*}
	(-9.59)	(1.94)	(-9.63)	(1.96)
L	0.018^{***}	0.005^{**}	0.019^{***}	0.005^{**}
	(11.23)	(2.17)	(11.65)	(2.38)
K	0.093^{***}	-0.024^{***}	0.093^{***}	-0.025^{***}
	(45.16)	(-10.69)	(45.03)	(-11.04)

续表

	被解释变量：产业内企业 TFP 的均值			
	人均 GDP 的影响		市场化水平的影响	
	(1)	(2)	(3)	(4)
$lerner$	0.190	−0.245	0.193	−0.245
	(1.00)	(−1.01)	(1.02)	(−1.01)
fdi_effect	0.327***	−0.085**	0.331***	−0.086**
	(12.58)	(−2.16)	(12.72)	(−2.18)
FD	3.755***	1.256***	3.402***	1.276***
	(13.12)	(3.79)	(11.70)	(3.85)
i_market	0.005**	−0.082***	0.010***	−0.088***
	(2.43)	(−22.39)	(3.71)	(−22.03)
p_gdp	1.064***	1.068***	1.072***	1.088***
	(79.37)	(65.26)	(86.38)	(67.89)
$Market*Sub*Rec$			−0.027*	
			(−1.65)	
$Market*Tax*Rec$				−0.021***
				(−4.69)
$Taxfree*Rec$		−0.754***		−0.138***
		(−4.29)		(−2.63)
$Taxfree$		0.034***		0.036***
		(25.41)		(25.28)
$\_cons$	−0.849***	−1.076***	−0.963***	−1.222***
	(−3.82)	(−3.87)	(−4.43)	(−4.42)
N	138533	382341	138533	382341

注：括号内为对应估计系数的 t 值，***、**、* 分别代表在 1%、5%、10%的水平上显著（双尾）。

综上所述，基于三向交互项回归方法的估计结果表明，财政分权程度对产业政策实施效果的负面影响随着人均 GDP 水平和市场化水平的提高而减弱。即初步估计结果中关于"在不同的人均 GDP 和市场化水平下，中央政府与地方政府之间的财政分权程度对产业政策实施效果的影响研究"结论是稳健的。

7.3 本章小结

本章较为详细地考察了不同的人均 GDP 和市场化水平下，中国式分权治理模式对产业政策实施效果影响的差异，并基于中国工业 1998—2007 年规模以上企业层面的数据进行经验检验。本章的主要研究如下所述。

第一，随着人均 GDP 的提高，中央政府考核内容的变化对产业政策实施效果的优化作用逐渐减弱。经验研究表明，在经济发展水平较低的地区，中央政府的考核内容由偏重短期经济增长向重视产业升级的转变，使得政府补贴对企业层面 TFP 的促进作用增大了 38.6%，税收减免对企业层面 TFP 的促进作用提升了 33.7%；在经济发展水平较高的地区，中央政府考核内容的变化使得政府补贴对企业层面 TFP 的促进作用提升了 22.6%，税收减免对企业层面 TFP 的正向影响提高了 19.2%，相比于低人均 GDP 的地区，中央政府考核内容的变化对产业政策实施效果的优化作用均有所下降。

第二，随着人均 GDP 的提升，中央政府与地方政府之间的财政分权程度对产业政策实施效果的负面影响显著弱化。经验研究表明，在低人均 GDP 组的估计中，财政分权程度对政府补贴实施效果的影响系数为 −0.122，在高人均 GDP 组的估计中，财政分权程度对政府补贴实施效果的影响系数为 −0.041，并且均在 1% 的置信水平上显著；税收减免方面，在低人均 GDP 组的估计中，财政分权程度的影响系数为 —0.098，在高人均 GDP 组的估计中，财政分权程度的影响系数增大为 —0.071。也就是说，随着经济的发展，财政分权程度对产业政策实施效果的负面影响在逐步降低。

第三，市场化水平的提升，有助于削弱地方政府追求短期经济增长的内在激励，从而提升了中国式分权治理模式对产业政策实施效果的正向影响。具体表现为，在市场化水平均值小于 6.53 的地区，财政分权程度对政府补贴实施效果的作用系数为 —0.118，对税收减免政策效果的作用系数为 —0.331；在市场化水平均值介于 6.53 和 8.99 之间的地区，财政分权程度对政府补贴实施效果的作用系数为 —0.067，对税收减免政策效果的作用系数为 —0.284；在市场化水平均值大于 8.99 的地区，财政分权程度对政府补贴实施效果的作用系数增大为 —0.047，对税收减免政策效果的作用系数增大为 —0.093。因而，无论是财政分权程度对政府补贴实施效果的负面影响，还是财政分权程度对税收减免政策效果的负面影响，均随着市场化水平的提升而显著弱化。

第 8 章

结论与展望

8.1 主要结论

改革开放以来,经历了持续 40 余年的高速增长,中国经济的要素禀赋结构发生了深刻的变化。一方面,随着人口老龄化的到来和劳动参与率的逐年降低,低劳动力成本的比较优势逐步丧失,通过加工贸易和出口带动劳动密集型产业发展的传统增长模式难以为继。另一方面,长期的教育投资为经济发展培育了丰富的人力资本、不断提升的企业创新能力、中产阶级日益壮大带来的消费需求,又为产业结构转型升级迎来了难得的发展机遇。为应对日益复杂的结构性变化,产业政策被赋予了更大的期望,以通过淘汰生产率较低的落后企业,扶持新企业和现有企业进入高附加值的产业,促进企业创新和全要素生产率的提高,进而推动产业结构转型升级,实现中国经济的可持续发展和包容性增长。

与日本、韩国等传统的产业政策组织架构不同,地方政府在中国的产业政策实施过程中扮演了重要角色。在中国,中央政府负责产业政策的制定,地方政府负责产业政策的实施,中央政府和地方政府共同推动产业政策预期目标的实现。在"中央政府-企业"两级产业政策组织架构中引入地方政府,为产业政策的实施带来了新的挑战,特别是中央政府与地方政府之间形成的中国式分权治理模式对产业政策的实施效果产生了重要影响。本书从地方政府落实产业政策面临的激励与约束出发，以"中央与地方""地方与企业"两组重要关系为背景，通过构建一个有关转型期中国式分权治理模式影响产业政策实施效果的理论分析框架，研究了中国式分权治理模式对产业政策实施效果的作用机理。在经验层面上，运用1998—2007年中国工业规模以上企业层面数据，系统考察了中央政府考核内容由"偏增长"向"重转型"的转变，中央政府与地方政府之间的财政分权程度对产业政策实施效果的影响；进一步结合"双重转型"的现实背景，研究了不同的人均GDP和市场化水平下，中国式分权治理模式对产业政策实施效果影响的差异。本书得出的主要结论如下。

（1）中央政府对地方政府的考核内容由"偏增长"向"重转型"的转变，在增强地方政府落实产业政策既定目标激励的同时，有助于弱化地方政府将过多政策资源用于追求短期经济增长的努力。在政治（相对）集权的体制下，中央政府对于地方政府官员的晋升拥有绝对权威，地方政府的行为选择与中央政府对地方政府的考核内容密切相关。中央政府的考核内容由强调短期经济增长向重视产业结构转型升级的转变，改变了地方政府的激励结构和在不同任务上的努力配置，进而有助于优化产业政策的实施效果。经验研究发现，中央政府的考核内容转变之前，政府补贴对企业层面TFP的影响系数为0.323，税收减免对企业层面TFP的作用系数为0.295；当中央政府更加强调促进产业结构的转型升级时，政府补贴对层面企业TFP的影响系数增大为0.416，税收减免对企业层面TFP的作用系数增大到0.338。也就是说，中央政府考核内容的变化使得政府补贴对企业层面TFP的促进作用增大了28.8%，税收减免对企业层面TFP的促进作用增大了14.6%；在短期经济增长方面，中央政府的考核内容变化之前，政府补贴对企业产值增长率的影响系数为0.639，税收减免对企业产值增长率的影响系数为0.579；中央政府对地方政府的考核内容变化之后，政府补贴对企业产值增长率的影响系数为－0.283，税收减免对企业产值增长率的影响系数为－0.561，并且均在1%的置信水平上显著，即中央政府考核内容的变化，降低了地方政府在追求短期经济增长上的努力投入，使得产业政策对企业规模扩张的影响由"促进"转变为"抑制"作用。总的来看，中央政府对地方政府的考核内容从"偏增长"向"重转型"的转变，强化了地方政府促进产业结构转型升级的努力投入，从而有助于产业政策实施效果的进一步优化。

（2）财政分权程度的提高降低了地方政府在促进产业结构转型升级方面的努力投入，进而弱化了产业政策对企业层面TFP的促进作用。理论上，政治集权的制度设计要求地方政府的行为选择以中央政府的考核目标为依据。但在现实中，地方政府具有追求经济收益的内在激励，相比于促进产业结构转型升级，地方政府更加倾向于支持或者默许企业实现规模扩张，助长短期内的经济增长。财政分权程度的提高增强了地方政府在财政收支上的相对独立性，降低了地方政府在经济上对中央政府的依赖，使地方政府在发展经济方面具有更强的主动性和积极性。因而，财政分权程度的提高有助于增强地方政府在追求短期经济增长方面的努力投入，从而对产业政策的实施效果产生负面影响。基于混合面板最小二乘法的估计结果表明，财政分权程度与政府补贴的交互项对企业层面TFP的作用系数为－0.312，财政分权程度与税收减免的交互项对企业TFP的影响系数为－0.293，并且均在1%的置信水平上显著。也就是说，财政分权程度每提高1个单位，政府补贴对企业层面TFP的促进作用降低31.2%，税收减免对企业层面TFP的促进作用降低29.3%；在面板数据固定效应模型的估计中，财政分权程度与政府补贴的交互项对企业层面TFP的作用系数为－0.111，财政分权程度与税收减免的交互项对企业层面TFP的作用系数为－0.087，并且均在 1% 的显著性水平上成立，即财政分权程度每提高 1 个单位，政府补贴对企业层面 TFP 的促进作用降低 11.1%，税收减免对企业层面 TFP 的促进作用降低 8.7%。针对产业政策与企业层面 TFP 之间可能存在的内生性问题所做的估计仍然支持初始结论。估计结果表明，经验研究的发现是稳健的。

（3）在中国式分权治理模式下，实现产业政策的预期目标，需要中央政府做好政治激励和财政分权上的协调和平衡。研究表明，中央政府的考核内容由"偏增长"向"重转型"的转变有助于产业政策实施效果的优化，而中央政府与地方政府之间的财政分权程度对产业政策实施效果具有负向影响。在这个意义上，增强中国式分权治理模式对产业政策实施效果的正向影响，需要中央政府在制度设计上，既要确保一定程度的财政分权，以发挥地方政府推动经济发展的积极性和自主性，又要保持中央政府在政治上的绝对权威，通过职务晋升的正向引导和反腐败的惩戒威慑，降低地方政府官员追求私人经济收益的内在激励。经验研究发现：中央政府考核内容的变化，使得政府补贴与财政分权程度的交互项对企业层面 TFP 的影响系数由－0.110 增大为－0.086，并且显著性水平也有所提高；随着中央政府考核内容由"偏增长"向"重转型"的转变，税收减免与财政分权程度的交互项对企业层面 TFP 的影响系数由－0.216 增大为－0.139，并且在 1% 的置信水平上显著。也就是说，中央政府可以通过强化对地方政府的政治激励来削弱财政分权对产业政策实施效果产生的负面效应。

（4）中国式分权治理模式对产业政策实施效果的影响与经济体的经济发展水平密切相关。随着人均 GDP 的提高，中央政府考核内容的变化对产业政策实施效果的激励作用有所减弱，但同时也弱化了财政分权程度对产业政策实施效果的负向影响。在不同的经济发展阶段，地方政府在两项任务上努力投入的替代效应存在显著差别，进而改变了既定中国式分权治理模式下,地方政府在追求短期经济增长和促进产业结构转型升级上的努力配置。理论研究表明,在人均GDP较高的地区,中央政府考核内容的变化对产业政策实施效果的正向影响、中央政府与地方政府之间的财政分权程度对产业政策实施效果的负向影响均较小;在人均GDP较低的地区,考核内容的变化对产业政策实施效果的正向作用、财政分权程度对产业政策实施效果的负面作用均较大。也就是说,经济发展水平的提高并不能增进中央政府与地方政府在实现产业结构转型升级上的激励相容程度。在人均GDP较低的地区,中央政府考核内容的变化,使得政府补贴对企业层面TFP的影响系数由0.132上升到0.183,增大了38.6%,税收减免对企业层面TFP的作用由0.083增大到0.111,提升了33.7%;中央政府与地方政府之间的财政分权程度对政府补贴实施效果的影响系数为-0.122,对税收减免政策效果的影响系数为-0.098;在人均GDP较高的地区,中央政府考核内容的变化使得政府补贴对企业层面TFP的促进作用由0.133增大为0.163,提升了22.6%,税收减免对企业层面TFP的正向影响由0.078增大到0.093,提高了19.2%;中央政府与地方政府之间的财政分权程度对政府补贴实施效果的影响系数为-0.041,对税收减免政策效果的影响系数为-0.071。综上所述,随着人均GDP的提高,中央政府考核内容的变化对产业政策实施效果的优化作用逐渐降低,但有助于降低财政分权程度对产业政策实施效果的负向影响。

(5)中国式分权治理模式对产业政策实施效果的影响一定程度上是内生于不同地区的市场化进程的。随着市场化改革的推进,市场在资源配置中的决定性作用日益增强,经济体中的市场中介组织发育、法律法规制度逐步完善,减少了地方政府的寻租和腐败行为,进而有助于弱化地方政府追求短期经济增长的内在激励。因而,市场化水平的提高能够增加地方政府在促进产业结构转型升级上的努力投入，进而弱化财政分权对产业政策实施效果的负向影响，最终使中国式分权治理模式对产业政策实施效果的正向作用显著增强。经验研究表明，在市场化水平均值小于 6.53 的地区，财政分权对政府补贴实施效果的作用系数为 −0.118，对税收减免政策效果的作用系数为 −0.331；在市场化水平均值在 6.53 和 8.99 之间的地区，财政分权程度对政府补贴实施效果的作用系数为 −0.067，对税收减免政策效果的作用系数为 −0.284；在市场化水平均值大于 8.99 的地区，财政分权程度对政府补贴实施效果的作用系数增大为 −0.047，而对税收减免政策效果的作用系数增大为 −0.093。也就是说，财政分权程度对产业政策实施效果的负向影响随着市场化水平的提升而显著下降，但中央政府考核内容的变化对产业政策实施效果的影响与市场化水平不相关。因而，可以认为，中国式分权治理模式对产业政策实施效果的影响一定程度上内生于经济体的市场化改革进程。

8.2 政策建议

20 世纪 90 年代以来，中国几乎所有的工业产业中都曾运用过产业政策。总结 30 余年实施产业政策的历史，可以看到，在经济发展追赶的前期，产业政策得大于失；经济发展追赶的中后期，失大于得。产业政策在促进产业发展、技术水平提升的同时，也导致了一些行业的重复投资和产能过剩，不仅体现在钢铁、水泥等传统产业，还涉及新能源、电解铝等新兴产业。产业政策的实施导致产能过剩，既与地方政府争相而上的"潮涌现象"有关，又与中央政府与地方政府在产业政策实施过程中可能存在的利益冲突有关。考虑到引入产业政策的特定历史背景[①]，中国的产业政策在实施过程中，具有明显的代替计划经济的色彩，实施方式也较多地依赖行政机构的协调和推动，特别是中国式分权治理模式通过影响地方政府在不同任务上的努力投入，而对产业政策实施效果产生了重要影响。

本书的研究为理解中国式分权治理模式对产业政策实施效果的影响提供了一种新的分析框架。在中国式分权治理模式下，实现产业政策的预期目标，既要满足中央政府与地方政府之间的激励相容，又要在政治相对集权与经济相对分权之间做好平衡；同时，还要在顶层设计上增加产业政策与其他政策之间的互补性和协调性；通过促进经济发展水平和推进市场化进程来优化产业政策的实施环境，进而提升产业政策的实施效果。唯有如此，才能发挥产业政策弥补市场失灵，进一步实现产业结构优化升级，推动经济结构转型，跨越中等收入陷阱的政策目标。基于本书的主要研究结论，具体政策含义如下。

（1）为了充分发挥产业政策的作用，中央政府对地方政府的考核内容应从强调 GDP 的数量型增长向强调技术创新和结构优化等质量型增长转变。在中国式分权治理模式的体制下，首先，地方政府的行为选择密切依赖于中央政府的发展目标以及中央政府对地方政府的考核要求。其次，考核内容的可量化对地方政府在不同任务上的努力配置有重要的影响。因而，通过建立产业政策绩效评价标准，来对产业政策实施效果进行评估，能够有效发挥中央政府对地方政府落实产业政策努力投入的

---

① 20 世纪 90 年代初，中国工业经济约 70% 仍受国家计划控制，民营经济还处于边缘地位，财政、税收、金融等市场化改革尚未启动。产业政策作为政府管理产业和企业的一种形式，与计划经济思维和管理方式能够较好地对接。在真正意义上的市场、市场主体都有待发育的情况下，实施产业政策基本不会触动政府主导生产要素配置的权力，不会动摇政府主导经济增长的地位。因此，国家计划管理的退坡由产业政策来接手就成为政府推进改革的一种可行选择（陈清泰，2016）。

激励作用。最后，进一步加强产业政策与其他政策之间的协调性，将产业政策视为相关政策中更广泛竞争力战略协同开发的组成部分，并体现出与其他政策的高度互补性，这也是提高产业政策实施效果的重要保证。例如，在实施产业政策的同时，可通过财政转移支付、社会保障制度给予配套支持，使地方政府在促进产业结构转型升级的同时，尽量减少对失业人员基本生活水平的影响，保障社会的和谐稳定。

（2）优化中国式分权治理模式对产业政策实施效果的影响，需要在中央政府与地方政府之间的关系上做好政治集权与经济分权的协调和平衡。即在经济分权的基础上，保持中央政府在政治上的权威，以确保地方政府的行为选择与中央政府的政策目标相一致。研究表明，在中国式分权治理模式体制下，中央政府的考核内容由"偏增长"向"重转型"的转变能够促进产业政策实施效果的优化，但财政分权程度对产业政策实施效果具有负面影响。也就是说，在中央政府与地方政府之间的关系上，应确保一定程度的经济分权（财政分权），以增强地方政府发展经济的积极性，通过地方政府在经济发展上的先行先试，以及地方政府之间的"为晋升而增长"，促进中国经济的转型和发展。但更为重要的是，作为一个转型中的大国，保持中央政府在政治上的权威，对于中国经济转型和发展具有更为重要的作用。在这个意义上，实施财政分权化改革与加强中央政府在政治上的权威是一个有机的整体，在顶层设计上实现中国式分权治理模式下政治集权与经济分权的协调和平衡，也是确保中央政府产业政策预期目标顺利实现的内在要求和制度保障。

（3）产业政策的制定应考虑到不同地区的经济发展阶段，根据经济发展水平的不同，制定不同的政策目标，实施差异化的产业政策。不同的经济发展水平下，中国式分权治理模式对产业政策实施效果的影响存在显著差异。理论上，产业政策预期目标的实现，关键在于地方政府对于落实产业政策的努力投入,而地方政府在产业政策方面的努力投入又受制于地区的经济发展水平。本书研究发现,中央政府考核内容的变化对产业政策实施效果的影响与地区经济发展水平负相关;经济发展水平的提高有助于降低财政分权程度对产业政策实施效果的负面影响。因而,产业政策的设计要尊重不同地区经济发展水平的差异,制定差别化的政策目标,实施差异化的产业政策。在经济发展水平较高的地区,充分发挥地方政府发展经济的自主性,鼓励地方政府率先通过产业政策促进产业结构转型升级;在经济发展水平较低的地区,要推进产业政策预期目标的实现,中央政府应强化对地方政府的考核,使地方政府增进在产业结构转型升级上的努力投入,减少对于产业政策资源的错配和对政策目标的扭曲,进而优化产业政策实施效果。

(4)推行产业政策的同时,要坚定地推进市场化改革,通过制度建设和对腐败行为的严厉打击,降低地方政府(官员)在促进短期经济增长中获取经济收益的内在激励。市场化改革的推进,减少了经济活动中可能存在的腐败和寻租行为,增加了地方政府(官员)在促进经济发展的同时获得私人经济收益的成本,从而弱化了地方政府追求经济收益的目标。因而,在中国式分权治理模式下,地方政府的行为选择完全依赖于中央政府的发展目标以及在不同任务上的考核权重。当中央政府的考核内容从偏重短期经济增长转向重视产业结构转型升级时,市场化水平的提高弱化了财政分权程度对产业政策实施效果的负面影响。在这个意义上,产业政策在本质上是"亲市场的"。随着市场化改革的深入,应进一步优化产业政策的顶层设计,逐步从选择性的产业政策向功能性的产业政策转变;改善产业政策的实施方式,在实施行业的选择和实施方式上应确保有助于强化产业政策对市场的竞争促进作用。同时,要认识到,在市场化水平较低的地区,财政分权程度对产业政策实施效果的负面效应较大。在这种情形下,需要进一步加快推进地区的市场化改革进程，完善金融体系、地方性法规及各种中介组织，而不是简单地强化政策支持；在市场化水平较高的地区，地方政府行为扭曲的程度相应较低，需要加大通过产业政策来实现地区产业转型升级的力度。

8.3 本书可能的边际贡献

围绕发展中经济体产业政策的实施效果，经济学家们进行了大量研究，积累了丰富的文献。与现有的研究成果相比，本书的边际贡献（创新）主要体现在以下几个方面。

（1）本书从发展中国家"实施产业政策具有现实合理性"的前提出发，以"中央与地方"和"地方与企业"两组重要关系为背景，基于 Holmstrom and Milgrom 的多任务委托-代理模型，发展了一个中国式分权治理模式影响产业政策实施效果的理论分析框架。中国的地方政府在产业政策实施中扮演了十分重要的角色，面临着"追求短期经济增长"和"促进产业升级"的双重任务。产业政策的实施效果不仅取决于地方政府在"促进产业升级"方面的努力投入，还与其"追求短期经济增长"的激励有关，而地方政府在不同任务上的努力配置则进一步取决于中央政府的考核目标以及中央政府与地方政府之间的财政分权程度。本书的研究可视为从"产业政策实施中的政治经济学"视角出发，揭示了新时期影响中国产业政策实施效果的深层次原因。

（2）本书进一步揭示了中国式分权治理模式影响产业政策实施效果的两种传导机制，并在经验层面上进行了验证。一是中央政府强化对产业结构转型升级的考核，不仅有利于地方政府在落实产业政策方面增加努力投入，还有利于抑制地方政府追求辖区内短期经济增长的冲动，从而有助于优化产业政策的实施效果。二是中央政府与地方政府之间财政分权程度的提高，强化了地方政府追求短期经济增长的内在激励，进而减少了对落实产业政策的努力投入。研究表明，中央政府的考核内容从"偏增长"向"重转型"的转变使得政府补贴对企业层面 TFP 的促进作用增大了 28.8%，税收减免对企业层面 TFP 的促进作用增大了 14.6%；中央政府与地方政府之间的财政分权程度每提高 1 个单位，政府补贴对企业层面 TFP 的促进作用下降 11.1%～31.2%，税收减免对企业层面 TFP 的促进作用下降 8.7%～29.3%。本书所做的研究工作，是现有关于产业政策文献的重要补充。

（3）本书通过引入中国经济"发展转型"和"体制转型"的现实背景，进一步考察了不同的经济发展水平和市场化进程下，中国式分权治理模式对产业政策实施效果影响的差异。研究发现，经济发展水平（以人均 GDP 衡量）对产业政策的实施有显著影响。经济发展水平越高，产业政策实施越少受到分权程度和考核内容的变化的影响；经济发展水平越低，分权程度和考核内容变化对产业政策实施效果的影响越大。其中，分权程度的影响是负向的，考核内容变化的影响是正向的。市场化水平的提高，则能够弱化地方政府追求短期经济增长的内在激励，降低财政分权程度对产业政策实施效果的负面影响，同时又不影响考核内容的变化对产业政策实施效果的正向作用。一方面，应根据地区的经济发展水平，实施差异化的产业政策；另一方面，应坚定地推进市场化改革，降低地方政府追求经济收益的内在激励。在这个意义上，本书的研究为产业政策的制定和实施提供了理论参考。

（4）在计量方法的应用上，本书尝试构建了一个单自变量影响具有关联特征的双因变量估计模型，并通过这一模型考察了产业政策对企业全要素生产率和企业产值增长率的影响。传统的计量模型不适用于单投入-多产出问题的经验研究，本书通过一个联立方程模型将产业政策工具与中央政府追求短期经济增长和促进产业升级的"双重任务"相联系，从而使中央政府考核内容的变化对产业政策实施效果影响的经验研究更好地与多任务委托-代理模型的理论分析相契合。

8.4　不足之处及研究展望

虽然本书从中国经济转型和发展的基本制度背景出发，研究了中国式分权治理模式对产业政策实施效果的影响，为进一步理解产业政策实施条件和作用机制提供了新的视角，也增进了对中国式产业政策实施效果的理解，但限于主客观条件的限制，本书还存在着一些不足之处，有待进一步研究。

（1）本书实证部分的数据主要来源于中国工业企业数据库，该数据库的优点是样本量大、包含的指标较为全面，是难得的企业层面的微观数据。近年来，基于中国企业层面微观数据的实证文章有一部分发表在国际顶级经济学期刊上，在国内，每年又有大量的基于中国工业企业数据库的实证文章发表于《经济研究》《管理世界》等国内顶级期刊。但不足之处是该数据库可靠的样本范围仅包含 1998—2007 年的数据，样本略显陈旧，一定程度上影响了实证结论的外部有效性。

（2）受 Melitz（2003）将企业异质性纳入国际贸易分析的启发，本书主要研究产业政策对企业层面 TFP 的影响。介于研究主题和时间的限制，本书的研究仅是阶段性的研究成果。未来从企业异质性出发，还可以在以下两个方面进行深入研究：一是产业政策对不同效率企业影响的差异，即中国式分权治理模式下的产业政策影响企业优胜劣汰的传导机制是什么，以及在中国式分权治理模式下的产业政策对新企业的进入和低效率企业的退出有着怎样的影响；二是产业政策是否有助于降低企业之间的资源错配程度，并通过要素重置促进企业之间配置效率的改善，进而提升产业层面的全要素生产率。

（3）本书结合"双重转型"的背景，研究了不同的经济发展阶段和市场化水平下中国式分权治理模式对产业政策实施效果的影响。但同时，却忽略了中国式分权治理模式对产业政策实施效果影响的其他外生因素。显然，除了经济发展水平和市场化水平之外，还存在其他重要的因素影响着中国式分权治理模式对产业政策实施效果的作用，如劳动力市场是否完善、人力资本结构与产业结构是否匹配等。后续可以对此展开进一步的研究。

参 考 文 献

白重恩，张琼，2014. 中国经济减速的生产率解释[J]. 比较（4）：1-27.

勃兰特，2016. 产业升级：经验启示和政策借鉴[R]. 北京：社会科学文献出版社. [2021-12-12]. http://www.pishu.com.cn/skwx_ps/ps/literature?SiteID=14&ID=8193879.

陈家建，2013. 项目制与基层政府动员：对社会管理项目化运作的社会学考察[J]. 中国社会科学（2）：64-79，205.

陈抗，HILLMAN A L，顾清扬，2002. 财政集权与地方政府行为变化：从援助之手到攫取之手[J]. 经济学（季刊）（4）：111-130.

陈清泰，2016. 产业政策反思与改革[J]. 财新周刊（49）：26-29.

陈诗一，张军，2008. 中国地方政府财政支出效率研究：1978—2005[J]. 中国社会科学（4）：65-78.

陈硕，高琳，2012. 央地关系：财政分权度量及作用机制再评估[J]. 管理世界（6）：43-59.

陈永伟，胡伟民，2011. 价格扭曲、要素错配和效率损失：理论和应用[J]. 经济学（季刊），10（4）：1401-1422.

陈钊，熊瑞祥，2015. 比较优势与产业政策效果：来自出口加工区准实验的证据[J]. 管理世界（8）：67-80.

韩乾，洪永淼，2014. 国家产业政策、资产价格与投资者行为[J]. 经济研究（12）：143-158.

黄先海，宋学印，诸竹君，2015. 中国产业政策的最优实施空间界定：补贴效应、竞争兼容与过剩破解[J]. 中国工业经济（4）：57-69.

贾俊雪，2015. 中国财政分权、地方政府行为与经济增长[M]. 北京：中国人民大学出版社.

江小涓，1993. 中国推行产业政策中的公共选择问题[J]. 经济研究（6）：3-18.

金滢基，马骏，王信，1997. 政府干预与东亚石化业的发展[J]. 经济社会体制比较（5）：7-13.

寇宗来，2017. 从共识出发："特惠"视角下产业政策的关键问题[J]. 探索与争鸣（2）：63-69.

黎文靖，李耀淘，2014. 产业政策激励了公司投资吗[J]. 中国工业经济（5）：122-134.

厉以宁，2013. 论中国的双重转型[J]. 中国市场（3）：3-8.

林毅夫，2017. 产业政策与我国经济的发展：新结构经济学的视角[J]. 复旦学报（社会科学版）（2）：148-153.

林毅夫，陈斌开，2013. 发展战略、产业结构与收入分配[J]. 经济学（季刊）（4）：1109-1140.

林毅夫，刘志强，2000. 中国的财政分权与经济增长[J]. 北京大学学报（哲学社会科学版）（4）：5-17.

林毅夫，2011. 新结构经济学：重构发展经济学的框架[J]. 经济学（季刊）（1）：1-32.

陆铭，钟辉勇，2015. 大国发展：地理的政治学分析[J]. 新政治经济学评论（28）：1-19.

罗宾逊，2016. 产业政策和发展：政治经济学的视角[J]. 比较（1）：61-77.

罗德里克，2008. 相同的经济学，不同的政策处方[M]. 张军扩，等译. 北京：中信出版社.

罗雨泽，朱善利，陈玉宇，等，2008. 外商直接投资的空间外溢效应：对中国区域企业生产率影响的经验检验[J]. 经济学（季刊）（2）：587-620.

南亮进，1992. 日本的经济发展[M]. 北京：经济管理出版社.

聂辉华，江艇，杨汝岱，2012. 中国工业企业数据库的使用现状和潜在问题[J]. 世界经济（5）：142-158.

聂辉华，李金波，2006. 政企合谋与经济发展[J]. 经济学（季刊），6（1）：75-90.

平新乔，白洁，2006. 中国财政分权与地方公共品的供给[J]. 财贸经济（2）：49-55.

钱颖一，许成钢，董彦彬，1993. 中国的经济改革为什么与众不同：M型的层级制和非国有部门的进入与扩张[J]. 经济社会体制比较（1）：29-40.

乔宝云，2002. 增长与均等的取舍[M]. 北京：人民出版社.

瞿宛文，2010. 多层次架构的中国产业政策模式：对白让让教授评论之回应[J]. 经济学（季刊）（2）：761-770.

瞿苑文，2001. 台湾产业政策成效之初步评估[J]. 台湾社会研究季刊（42）：67-118.

孙早，席建成，2015. 中国式产业政策的实施效果：产业升级还是短期经济增长[J]. 中国工业经济（7）：52-67.

唐清泉，罗党论，2007. 政府补贴动机及其效果的实证研究：来自中国上市公司的经验证据[J]. 金融研究（6）：149-163.

王文，孙早，牛泽东，2014. 产业政策、市场竞争与资源错配[J]. 经济学家（9）：22-32.

王小鲁，樊纲，余静文，2017. 中国分省份市场化指数报告[M]. 北京：社会科学文献出版社.

王媛，2016. 官员任期、标尺竞争与公共品投资[J]. 财贸经济（10）：45-

吴一平，芮萌，2010. 地区腐败、市场化与中国经济增长[J]. 管理世界（11）：10-17.

席建成，孙早，2017. 从替代到共容：一个有关产业政策的文献综述[J]. 华东经济管理（6）：158-165.

许成钢，2017. 激励机制与制度改革[J]. 比较（1）：100-111.

杨治，1982. 篠原三代平的产业结构理论[J]. 现代日本经济（4）：38-43.

姚洋，杨如岱，2014. 政府行为与中国经济结构转型研究[M]. 北京：北京大学出版社.

叶贵仁，2011. 我国地方政府领导干部考核制度发展的三个阶段：1949—2009[J]. 华南理工大学学报（社会科学版），13（4）：74-79.

余明桂，回雅甫，潘红波，2010. 政治联系、寻租与地方政府财政补贴有效性[J]. 经济研究，45（3）：65-77.

张军，金煜，2005. 中国的金融深化和生产率关系的再检测：1987—2001[J]. 经济研究（11）：34-45.

张维迎，2016. 我为什么反对产业政策：与林毅夫辩[J]. 比较（6）：174-202.

张晏，龚六堂，2005. 分税制改革、财政分权与中国经济增长[J]. 经济学（季刊）（4）：75-108.

章奇，刘明兴，2012. 民营经济发展地区差距的政治经济学分析：来自浙江省的证据[J]. 世界经济，35（7）：142-160.

邹薇，2007. 发展经济学：一种新古典政治经济学的研究框架[M]. 北京：经济日报出版社.

佐贯利雄，1987. 日本的经济结构分析[M]. 沈阳：辽宁人民出版社.

储德银，韩一多，张景华，2017. 中国式分权与城乡居民收入不平等：基于预算内外双重维度的实证考察[J]. 财贸经济，38（2）：109-125.

黄寿峰，2017. 财政分权对中国雾霾的影响[J]. 世界经济（2）：127-152.

AGHION P, CAI J, DEWATRIPONT M, et al, 2015. Industrial policy and competition[J]. American Economic Journal: Macroeconomics, 7 (4): 1-32.

ALBORNOZ F, CABRALES A, 2013. Decentralization, political competition and corruption[J]. Journal of Development Economics, 105 (Complete): 103-111.

ALTUNBAS Y, THORNTON J, 2012. Fiscal decentralization and governance [J]. Public Finance Review, 40 (1): 66-85.

ASMDEN A H, 1990. Asia's next giant: South Korea and late industrialization [J]. American Journal of Sociology, 95 (6): 1611-1612.

BEASON R, WEINSTEIN D E, 1993. Growth, economies of scale, and targeting in Japan (1955-1990) [J]. The Review of Economics and Statistics, 78 (2): 286-295.

BLANCHARD O, SHLEIFER A, 2001. Federalism with and without political centralization: China versus Russia[J]. Imf Staff Papers, 48 (1): 171-179.

BLONIGEN B A, WILSON W W, 2010. Foreign subsidization and excess capacity [J]. Journal of International Economics, 80 (2): 200-211.

BRANDT L, VAN B J, ZHANG Y, 2012. Creative accounting or creative destruction? Firm-level productivity growth in Chinese manufacturing[J]. Journal of Development Economics, 97 (2): 339-351.

CAI J, HARRISON A, LIN J Y, 2011. The pattern of protection and economic growth: Evidence from Chinese Cities.

CHANG H J, 1993. The political economy of industrial policy in Korea[J]. Cambridge Journal of Economics, 17 (2): 131-157.

CIMOLI M, DOSI G, STIGLITZ J E, 2012. Industrial policyand development: the political economy of capabilities accumulation [J]. Mpra Paper, 50 (1): 1132-1135.

COHEN L, COHEN P, WEST S G, 2003. Applied multiple regression for the behavioral sciences [M]. Routledge.

CRONBACH L, 1987. Statistical tests for moderator varibles: flaws in analysis recently proposed[J]. Psychological Bulletin (102): 414-417.

DAVOODI H, ZOU H F, 1998. Fiscal decentralization and economic growth: a crosscountry study[J]. Journal of Urban Economics, 43 (2): 244-257.

DU L, HARRISON A, JEFFERSON G, 2014. FDI spillovers and industrial policy: the role of tariffs and tax holidays[J]. World Development (64): 366-383.

ENIKOLOPOV R, ZHURAVSKAYA E, 2007. Decentralization and political institutions[J]. Journal of Public Economics, 91 (11): 2261-2290.

ERIC M, QIAN Y, XU C, et al, 2000. Incentives, information, and organizational form[J]. The Review of Economic Studies, 67 (2): 359-378.

FARLA K, 2014. Industrial policy for growth[J]. Merit Working Papers, 2012-039 (3): 1-26.

FELTENSTEIN A, IWATA S, 2005. Decentralization and macroeconomic performance in China: regional autonomy has its costs[J]. Journal of Development Economics, 76 (2): 481-501.

FRIEDRICH R, 1982. In defense of multiplicative terms of multiple regression equations[J]. American Journal of Political Sciences (26): 797-833.

GERSCHENKRON A, 1962. Economic back wardness in historical perspective: a book of essays [M]. Belknap Press of Harvard University Press Cambridge.

HAUSMANN R, RODRIK D, 2003. Economic development as self-discovery [J].

Journal of Development Economics, 72 (2): 603 - 633.

HOLMSTROM B, MILGROM P, 1991. Multitask principal - agent analyses: Incentive contracts, asset ownership, and job design[J]. Journal of Law, Economics, & Organization, 7 (Special Issue): 24 - 52.

IMBS J, WACZIARG R, 2003. Stages of diversification[J]. The American Economic Review, 93 (1): 63 - 86.

JAVORCIK, SMARZYIVSKA B, 2004. Does foreign direct investment increase the productivity of domestic firms? In search of spillovers through backward linkages[J]. The American Economic Review, 94 (3): 605 - 627.

JIN H, QIAN Y, WEINGAST B R, 2005. Regional decentralization and fiscal incentives: federalism, chinese style[J]. Journal of Public Economics, 89 (9): 1719 - 1742.

JOHNSON C, 1982. MITI and the Japanese miracle: the growth of industrial policy, 1925 - 1975 [M]. Stanford University Press.

JU J, LIN J Y, WANG Y, 2011. Marshallian externality, industrial upgrading, and industrial policies[J]. General Information.

JUNYI S, 2006. A simultaneous estimation of environmental Kuznets curve: evidence from China[J]. China Economic Review, 17 (4): 383 - 394.

KIM J I, LAU L J, 1994. The sources of economic growth of the east Asian newly industrialized countries[J]. Journal of the Japanese & International Economies, 8 (3): 235- 271.

KRUEGER A O, TUNCER B, 1982. An empirical test of the infant industry argument[J]. The American Economic Review, 72 (5): 1142 - 1152.

KRUGMAN P R, 1983. Targeted industrial policies: theory and evidence [C]. Proceedings Economic Policy Symposium-Jackson Hole. Federal Reserve Bank of Kansas City: 123 - 176.

LAFFONT J J, 2000. Incentives and political economy [M]: Oxford University Press.

LESSMANN C, MARKWARDT G, 2010. One size fits all? Decentralization, corruption, and the monitoring of bureaucrats[J]. World Development, 38 (4): 631-646.

LI H, ZHOU L A, 2005. Political turnover and economic performance: the incentive role of personnel control in China[J]. Journal of Public Economics, 89 (9): 1743-1762.

LI P, LU Y, WANG J, 2016. Does flattening government improve economic performance? Evidence from China[J]. Journal of Development Economics (123): 18-37.

MASKIN E, QIAN Y, XU C, 2000. Incentives, information, and organizational form[J]. The Review of Economic Studies, 67 (2): 359-378.

MELITZ M J, 2003. The impact of trade on intra-industry reallocations and aggregate industry productivity[J]. Econometrica, 71 (6): 1695-1725.

MONTINOLA G, QIAN Y, WEINGAST B R, 1995. Federalism, Chinese style: the political basis for economic success in China[J]. World Politics, 48 (1): 50-81.

MURPHY K M, SHLEIFER A, VISHNY R W, 1989. Industrialization and big push[J]. Journal of Political Economy, 97 (5): 1003-1026.

MUSGRAVE R A, 1959. The theory of public finance[M]. McGraw-Hill Book Company, Inc.

NORTH D C, 1990. Institutions, institutional change and economic performance [M]. Cambridge University Press.

NUNN N, TREFLER D, 2010. The structure of tariffs and long-term growth[J]. American Economic Journal: Macroeconomics, 2 (4): 158-194.

Nurkse R, 1953. Problems of Capital Formation in Underdeveloped Countries[M]. Oxford: Oxford University Press.

OATES W E, 1969. The effects of property taxes and local public spending on property values: an empirical study of tax capitalization and the Tiebout hypothesis[J]. Journal of Political Economy, 77 (6): 957-971.

OATES W E, 1977. The political economy of fiscal federalism[M]. Lexingt on

Books.

OATES W E, 1993. Fiscal decentralization and economic development[J]. National Tax Journal, 46 (2): 237 - 243.

OLLEY G S, PAKES A, 1996. The dynamics of productivity in the telecommunications equipment industry[J]. NBER Working Papers, 64 (6): 1263 - 1297.

PACK H, 2000. Industrial policy: growth elixir or poison? [J]. The World Bank Research Observer, 15 (1): 47 - 67.

PERSSON T, ROLAND G, TABELLINI G, 2000. Comparative politics and public finance[J]. Journal of Political Economy, 108 (6): 1121 - 1161.

PETRIN A, POI B P, LEVINSOHN J, 2004. Production function estimation in Stata using inputs to control for unobservables[J]. Stata Journal, 4 (2): 113 - 123.

PINCUS, STEVEN C A, 2009. 1688: The first modern revolution[M]. Yale University Press.

QIAN Y, XU C, 1993. Why China's economic reforms differ: the M-form hierarchy and entry/expansion of the non-statesector[J]. Economics of Transition, 1 (2): 135 - 170.

QIAO B, MARTINEZ V J, XU Y, 2008. The trade off between growth and equity in decentralization policy: China's experience[J]. Journal of Development Economics, 86 (1): 112 - 128.

ROBINSON P M, 1988. Semiparametric econometrics: a survey[J]. Journal of Applied Econometrics, 3 (1): 35 - 51.

RODRIGUEZ P A, EZCURRA R, 2010. Is fiscal decentralization harmful for economic growth? Evidence from the OECD countries[J]. Journal of Economic Geography, 11 (4): 619 - 643.

RODRIK D, 2008. One economics, many recipes: globalization, institutions, and economic growth[M]. Princet on University Press.

ROMER M, ROMER P M, 1989. Endogenous technological change[J]. NBER Working Papers, 98 (98): 71 - 102.

ROSENSTAIN-RODAN P N, 1943. Problems of industrialization of eastern and south-eastern Europe[J]. The Economic Journal, (53): 202-211.

SHENG Y, SONG L, 2013. Re-estimation of firms' total factor productivity in China's iron and steel industry[J]. China Economic Review (24): 177-188.

SHLEIFER A, TREISMAN D, 2005. A normal country: Russia after communism[J]. The Journal of Economic Perspectives, 19 (1): 151-174.

SMARZYNSKA JAVORCIK B, 2004. Does foreign direct investment increase the productivity of domestic firms? In search of spillovers through backward linkages[J]. The American Economic Review, 94 (3): 605-627.

STEGARESCU D, 2009. The effects of economic and political integration on fiscal decentralization: evidence from OECD countries[J]. Canadian Journal of Economics, 42 (2): 694-718.

STIGLITZ J E, 1996. Some lessons from the east asian miracle[J]. World Bank Research Observer, 11 (2): 151-177.

SYVERSON C, 2011. What determines productivity? [J]. Journal of Economic Literature, 49 (2): 326-365.

THIEBEN U, 2001. Fiscal federalism in western European and other countries: centralization or decentralisation? what is better for economic growth? are there implications for ukraine? [M]. Ukraine on the Road to Europe. Physica-Verlag HD: 255-280.

THIEBEN U, 2004. Fiscal federalism in transition: evidence from ukraine[J]. Economic Change and Restructuring, 37 (1): 1-23.

TIEBOUT C M, 1956. A pure theory of local expenditures[J]. Journal of Political Economy, 64 (5): 416-424.

TREFLER N D, 2010. The structure of tariffs and long-term growth[J]. American Economic Journal: Macroeconomics, 2 (4): 158-194.

XIAO G, WEISS J, 2007. Development in North East People's Republic of China: ananalysis of enterprise performance1995—2002 [J]. China Economic Review, 18 (2): 170-189.

YOUNG A, 1992. A tale of two cities: factor accumulation and technical change in

Hong Kong and Singapore[J]. NBER Chapters (7): 56-60.

YOUNG A, 1995. The tyranny of numbers: confronting the statistical realities of the east asian growth experience[J]. The Quarterly Journal of Economics, 110 (3): 641-680.

YOUNG A, 2000. The razor's edge: distortions and incremental reform in the People's Republic of China[J]. The Quarterly Journal of Economics, 115 (4): 1091-1135.

ZHU X, 2012. Under standing China's growth: past, present, and future[J]. The Journal of Economic Perspectives, 26 (4): 103-124.